宮本恒靖

主将論

GS
幻冬舎新書
171

まえがき

「主将・宮本恒靖」というキャラクターを自分で意識し始めたのは、シドニー五輪代表でキャプテンになった時からだった。

当時はフィリップ・トルシエが監督で、中田英寿、中村俊輔、稲本潤一、高原直泰、中澤佑二などメンバーが揃っていて、すごく期待されたチームだった。

そのチームの主将として、自分の発言が大きく取り上げられ、メディアで報道されるようになった。

自分の言葉がチームを代表する形で捉えられ、主将は代表チームのスポークスマンなのだということも実感した。

軽はずみなことは言えなくなり、自分の言動について、非常に意識するようになった。

そして、キャプテンというものは、どうあるべきか、どう振る舞うべきか、何を発するべきなのかを考え続けた。その結果、徐々にキャラクターが構築され、今の形になっていったのではないかと思う。

周りの人に自分がどのように見られているのかについて考えるのは、プロとしてすごく大事なことだ。ガンバ大阪のユース時代からキャプテンをやってきて、主将である以上、普段の言動から気を付けるよう、ずっと心がけてきた。

普段からちゃらんぽらんな行動をしていては、誰も信頼してついてきてくれない。また、普段から言っていることがバラバラでも良くない。あの時、あの人はああ言っていたのに、今回はこう言っていた、というのでは説得力は生まれない。

発言で注意していたのは、絶対に人を批判したり、傷つけたりするようなことは言わないということ。言えば、いつか必ず自分に跳ね返ってくる。

もし言うのであれば、それはメディアを通じてではなく、本人に直接言う。

「あいつが、あんなことを言っていた」と、人づてにあるいはメディアを通じて伝わるのが一番良くないからだ。それでは、いつまで経《た》っても信頼関係など築けない。

そういうわけで、ずっとキャプテン然としなければと思っていたが、今はあまり意識していない。時間が経過していくうちに、何かになりきろうとして作り上げた自分と、本当の自分の境目がなくなったような気がする。

今は、すごく自然体でいられるようになった。


僕の身長は176センチで、体重は72キロ。

最近のセンターバックの選手としては、小柄な方であり、特別速く走れるわけでもない。

そのような自分が、各カテゴリー別の代表からA代表のレギュラーとなり、2度のワールドカップに出場した。ガンバ大阪では、リーグ優勝を経験し、レッドブル・ザルツブルクへの海外移籍も実現することができた。

「体格的なハンディを乗り越えて活躍できたのは、なぜですか」と聞かれることもよくある。

例えば、背の大きな選手と競り合う時は、体格的なハンディがある。

その時は「せいの」で同時にジャンプしても勝てない。だから手を使って相手を押さえながら飛んだり、飛ぶタイミングの時に相手に身体《からだ》をぶつけて飛ばせないようにしたり考えてプレーしてきた。また、常に正しいポジションを取り、予測をしながらプレーすることで速い選手にも対応してきた。

孫子の言葉に、「敵を知り、己を知れば、百戦して危うからず」というのがある。

僕は、同じポジションを争う人と比べて、「自分はどこをアピールしていけばいいのか」を、常に考えてプレーしてきた。

その結果、僕の場合は、ロングキックの精度だったり、ビルドアップ、コーチングなどDFとして次のプレーを「読む」力を磨いていくことが、自分の生きる道だと思った。

弱点があったとしても、それをカバーしながら、それ以外の自分の長所でチームに利益をもたらす。それができれば監督からの信頼も勝ち取ることができる。もちろん、若干の運が必要なのは言うまでもないが、運を摑み取るためにも普段から準備を怠らないことが大切だ。これらの積み重ねが身体的なハンディを克服してプレーしてきた要因だと思っている。

そしてなにより「主将」として、みんなにも協調してもらいながらチームをまとめ、勝利に導いていく努力を続けてきたことも、プロを続けていく上で、大きな力になった。

この本では、僕が実際に経験し、体得してきた「主将」の役割と、それを務めあげるために必要なことを、出来る限り紹介したいと思う。

構成 佐藤俊
協力 大野祐介

第1章

「会話力」と「ミーティング」で問題を解決する

初めて感じた代表キャプテンの難しさ

勝てるチーム、団結したチームを作るのは、簡単なことではない。

特に代表チームは、難しい。

その難しさを初めて感じたのは、シドニー五輪代表でキャプテンを務めていた時だった。フィリップ・トルシエに初めて会ったのは、1998年10月8日、U-21日本代表の福島Jヴィレッジ合宿の時だった。A代表の監督に就任したトルシエは、五輪代表の監督も兼ねることになっていた。僕たちの世代である97年のマレーシア・ワールドユース組と伸二（小野伸二）やイナ（稲本潤一）の99年ナイジェリア・ワールドユース組の2世代が融合して、チーム作りが始まった。

最初は、非常に戸惑った。

トルシエはとにかくいつも怒りまくっていて、徹底的に野次られたり、監督の意図や狙いが分からなければ練習から外されることを聞いていたからだ。

実際、会ってみて、練習のスケジュールや合宿でのルールが発表された時は、「こんなに管理するのか」と感じた。

毎日３部練習で、練習時間、食事時間、マッサージ時間、部屋に戻る時間まで細かく決められていた。練習も事細かに厳しく指導され、なんだか高校生に戻ったような感覚だった。「このフランス人と信頼関係を築くのは、時間がかかりそうだな」と、選手みんなが思っていた。

そんなトルシエの印象が変わったのは、僕が合宿のリーダーに選ばれた後のことだった。まだ、キャプテンという類《たぐい》のものではなく、食事をする時や終わった時に号令をかける役割だが、山本昌邦コーチから、僕が以前、ユースでキャプテンをしていたことを聞いたり、色々な人の評判を聞いて、任せてみようと決めたらしい。

トルシエは、練習では感情を表に出して暴れる激情家だが、物事を決める際は人の意見も聞き、詳細なプロセスを経て、理詰めで考える人間だと、少しずつ分かってきた。

さらに、練習を離れると、「あの選手はどんな感じだ」とか、真面目に色々聞いてくる。すると、トルシエの素顔が少しだけ見えてきて、「意外と普通に喋れるんだな」と思った。

チーム内も、最初の合宿では、お互いに意識するところがあって、あまり雰囲気が良くなかった。

僕たちマレーシア組は、ナイジェリア組の選手たちに、「負けられない」という意識があった。

一方、ワールドユースを経験したナイジェリア組は自分たちの方が戦術を理解していて、準優勝という結果も出しているという自信があり、やる気満々だった。

そうなると歩み寄るのが難しい。お互いに意地の張り合いのようになり、なかなか交じわろうとしない。

正直、これはまずいなと思っていた。

山本昌邦コーチには「頼むぞ」と言われていたが、うまくいかなかった。どうするべきか考えていたら、ひとつのアイデアが浮かんできた。

ナイジェリア組は、伸二が中心で仕切っていた。

そこで、彼らの「ボス」のところに行って、直接話をした方が早いと思い、合宿が始まってすぐに、「2つの世代の仲を改善するために手伝ってくれ」と、伸二に話をした。

伸二はすぐに理解してくれて「やりましょう」と、食事のテーブルをうまくシャッフルしてくれた。

すると、アッという間にお互いの部屋を行き来して、ゲームなどをするようになった。

そして3日目ぐらいには、笑い声が絶えないぐらい人間関係が進歩していた。

ちょっとしたことがキッカケで、これだけ変わることには驚いたが、もともと年齢が近いこともあり、ジェネレーションギャップがなかったことも大きかった。一度、お互いの意地みたいな壁が取り払われた後は、気持ち悪いぐらい仲が良くなった。

僕が特別なことをしたわけではなかったが、自分一人だけでなく、仲間の力を借りれば難しい問題も解決することができる。

これは、すごく良い教訓となった。

セリエAでプレーしていた中田英寿の合流

シドニー五輪代表は、伸二の尽力もあり2世代が良い具合に融合し、僕はある程度の手応えを感じていた。

99年当時は、96年のアトランタ五輪で28年ぶりに本大会出場を果たし、98年にはフランスワールドカップにも出場していたので、シドニー五輪もやってくれるだろうという空気が流れていた。

チームには、伸二やイナ、高原直泰、小笠原満男などナイジェリアで準優勝した選手がおり、僕たちの世代は中村俊輔、柳沢敦らがいた。みんなJリーグで試合に出ている選手で、総じてレベルが高かった。

僕は、このメンバーだけでシドニー五輪最終予選は十分、戦えると思っていた。

だが、最終予選を前にトルシエは、よりチーム力をアップするためにヒデ（中田英寿）を招集することを決めた。

ヒデは、フランスワールドカップ後、イタリア・セリエAのペルージャに移籍、大活躍をして脚光を浴びていた。既にA代表の中心選手であり、五輪レベルの選手ではなかっただけに、ヒデが入れば間違いなく全体のレベルは上がると思った。

ただ、不安もあった。ある程度チームが完成しつつある中、果たして、まったくレベルが違う選手がポンと入ってきて、うまく融合できるのだろうか。

ヒデとはU－17代表の時から顔を合わせて知っており、同い年ということもあり、チームの中では膝を突き合わせて話ができる。

しかし、話はできても、実際にうまくいくかどうかは、やってみないと分からない。本当のところどうなるのか、なかなか想像できなかった。

99年9月、韓国戦を前に、初めてヒデがチームに合流した。

正直なところ、最初は異様な感じだった。みんな彼を遠巻きにして、なにか別世界から来た人を見ているような感じだった。

ヒデもセリエAでプレーしている、というオーラのようなものを発していて、みんなは「すごいなぁ」という感じで見ていた。本当に別格な存在だった。

僕は、ヒデの方から周りの選手のところに降りてくるのは難しいと思っていた。だから、例えば食事のテーブルは4人掛けなのだが、僕とヒデがそこに入って行きながら他の選手を呼んで一緒に食事をしたりした。

これは、僕たちの世代と伸二の世代が融合する時、成功したやり方だったが、ヒデの時も効果はあった。徐々にヒデと選手たちのコミュニケーションが取れるようになっていった。練習に入ると、ヒデの方から選手に声をかけるようになり、打ち解けた空気になった。それを見て、心からほっとした。

ヒデが入ってくることで起こり得る様々な心配は、杞憂に終わった。

国立競技場で韓国戦に大勝し、その後最終予選の初戦、アウェーのカザフスタン戦にも勝つことができた。

トルシエの思惑

カテゴリー別の代表の中では、ヒデのように能力的に突出した選手が入ってくることは、確実にプラスになる。みんながヒデのレベルに合わせようと必死になってプレーするからだ。

だが、今思い返すと、ひょっとするとトルシエは、そのことを狙っていたのかもしれない。当時は、そのようには考えられる余裕もなかったのだが。

その後、トルシエとは、英語でフランクに話ができるようになった……はずだった。1999年の最終予選までは。

2000年、シドニー五輪本大会の時期になると、トルシエが変わった。

それまで、最終予選などにおいてもキャプテンの僕の意見や考えを尊重してくれたのだが、本大会の年になると急に「日本は絶対的なリーダーを作る国ではなく、それよりも自分（トルシエ）がリーダーとなって選手を引っ張っていくからキャプテンは必要ない。日本人には、キャプテンのメンタリティがない」と、キャプテン不要を言い出したのだ。

それからトルシエの考えていることが、あまり分からなくなってきた。

なぜ、急にキャプテンが不要になったのか分からず、あまりにも一方的なため、話をする余地もなかった。ここまでは徐々に信頼関係を築けてきたかなと思っていたので、本当に残念でならなかった。

結局、2000年に入ってからは、キャプテンは誰か分からない状態となり、本大会の時も「キャプテンはどうするんだ？」ということになった。

それでもトルシエは決めようとしなかったので、それまでキャプテンをしていた僕がトルシエに説明を求めたり、意見を言ったりと、選手との間のコミュニケーションを取り持っていた。

それは、臆さずやった。こんなことでチームのまとまりを失ったり、チームの雰囲気が悪くなって負けたりするのは、絶対に嫌だったからだ。

国内組と海外組

ジーコジャパンの時に、一番難しかったのは、国内組と海外組の融合だった。

試合前は国内組だけで合宿を行ない、親善試合をこなしていく。

しかし、いざ予選の本番という時になると、試合2、3日前に海外から来た選手にゴソっと入れ替わられてしまう。

もともとジーコの代表には、核となる戦術がなかったので、海外でプレーする選手は、それぞれのクラブや国のスタイルを持ち込んでプレーする。すると、国内組だけである程度積み上げてきたものがゼロになってしまうので、組織的な守備や攻撃の連携がスムーズにいかない。

そうして予選で苦戦する中、どんどんチームの雰囲気が悪くなった。本当は、そういう時、国内組の選手のフォローなどを僕ができていれば良かったのだが、当時は試合のことだけで精一杯で、なかなかできなかった。

ジーコジャパンと中田英寿

2004年、ドイツワールドカップアジア1次予選のシンガポール戦の時、ヒデは試合2日前にチームに合流してきた。

僕はヒデに対して、どうしたらうわべだけの言葉でなく、核心をついた、相手の気持ちに入っていける言葉を話せるか考えていた。

別にベッタリする必要はないが、腹の底にあるものを言い合える仲間がいれば、グループを運営していく上で、すごく心強く、有益だと思ったからだ。

到着した夜、今まで国内組だけでこんな練習をしてきて、この選手はこういう状態で、新しい選手はこんな特徴を持っているなど、彼の部屋に行って色々な情報を話した。試合直前に合流するため、情報を得てからチームに入った方が馴染みやすいだろうし、練習もやりやすいだろうと思ったからだ。

それに当時、代表のキャプテンはヒデであり、存在自体が非常に大きかったため、僕自身の判断で、そうした。

だが、初練習した翌日、ヒデの「チーム全体がポワンとして緊張感がない。これで戦えるのか心配だ」というようなコメントが報道された。

練習前にチームの状況を話していたにもかかわらずのことだったので、「ちょっと違うだろう」と思い、その日、練習前に再度、話をした。

「チームとして前々日まで、かなり追い込んだ練習をしてきたので、試合前は、リラックスしてやるのがチームのやり方として浸透している。そのやり方をヒデも尊重してもらいたい」

シンガポール戦はヒデにとって今回のワールドカップ予選で最初のアウェー戦であり、もっとピリッとした中で練習したかったのだと思う。しかし、チームには今までの流れがある。合宿でハードな練習をこなし、親善試合を経てシンガポールに入った。みんな試合に出ることを想定し、チームとしては疲れを残さないように考えて調整してきている。そのことをもう少し理解してほしかった。

ヒデの言葉は、辛口なことが多い。

それは、今に始まったことではなく、昔からのものだ。

まだ、ヒデが山梨の韮崎高校3年の時、国体で山梨県対大阪府の試合をしたのだが、その時、自分のチームのＦＷに、対戦相手として聞いていてもかなり厳しい調子で指示を出していた。僕は、そのＦＷをマークしていたので聞こえてきたのだが、その選手も「そんな言い方あるかよ」と、文句を言っていたぐらいだ。

ヒデは、練習やピッチで起こったことはできるだけ早く、その場で解決しようという考えなので、何かあったらすぐに議論を始める。

ピッチで話すことは悪いことではなく、ピッチ上でのことは外には持ち込まないという意識も理解できる。ただ、そういう議論が起きてお互いが熱くなった時は、少し時間を置いてゆっくり話し合った方が良い時もある。頭の中がクリアになり、冷静に話ができるからだ。

おそらく、ヒデもそれは分かっているのだろうが、なかなかやり方を変えることはなかった。

ヒデの言うことは、決して間違っていないが、まぎれもなく代表の中心選手であり、発言する時は場所やタイミング、伝え方は考える必要があると思っていた。

だから、「別の言い方をした方が良いんじゃないか」とか「もうちょっと相手のことを考えてしゃべれよ」とか、よく苦言を呈した。それでも彼は聞く時はきちんと聞き、ヒデはヒデなりにチームのことを人一倍考えていた。

2002年3月、ポーランド遠征の時のことだ。

「俺らもそろそろチームを引っ張っていかないといけない立場になったなぁ」

ポツリと、そんなことを言っていた。

それを聞いて、ヒデもそういうことを考えるようになったのだと思い、感慨深かった。

チームを引っ張る自覚が出てきたのは、ヒデにとって大きいことだと思った。そうなれば自然に責任感が生まれ、積極的にチームと関わるようになるからだ。

ドイツワールドカップ最終予選のイラン戦前に、テヘラン空港のカフェでお茶をしていた時、ヒデが「キャプテンはツネに任せたから」と言った。「自分はなかなかチームにいられず、アジアカップを経てツネを中心にチームがまとまっているので、良い流れを崩さないためにもツネでやった方が良い」と、ジーコに話したらしい。

僕は、それを聞いて、「そうなのか」と思い、一歩引いたヒデのチームに対する愛情を感じた。

そういう気を使うことができる選手なのに、ピッチ上になるとかなりの頑固者になる。チームのために何かしないといけないと考えているのだが、アプローチの仕方が強引だったり、言葉が足りなかったりする。

だから、誤解されることが多く、すごく損をしていた。

練習前も誰とも話さず、一人でいることが多いから「みんなとボール回ししよう」と言っても「いいよ、俺は一人で」と言ってしまう。一匹狼みたいな生き方をしてきた選手だから、なかなか仲間に入ってこない。

こう書くとジキルとハイドみたいな二面性があるように聞こえるかもしれないが、ヒデの中では、あくまで「チームのために」という意識から出てくる表現だったのだろう。

言葉がキツいため過剰反応してしまうこともあったが、今は、それをもう少し理解してあげれば良かったかなと思う。

イラン戦前の中田と福西の衝突

ジーコジャパンの時に、すっかり有名になったヒデとフク（福西崇史）の衝突も、お互いの意見をすり合わすことができず、相互理解できない苛立《いらだ》ちから起きた出来事だった。

あれは、ドイツワールドカップ最終予選、アウェーのイラン戦前の合宿だった。

久しぶりに代表に合流してきたヒデは、それ以前から「（DF）ラインをもっと上げてくれ」と言っていた。

DFラインを高くして連動してボールを奪えば、相手のゴールに最短で近付くことができて、決定的なチャンスを作れるからだ。だから、ボランチのフクにも連動してボールを取るように厳しく要求した。

だが、フクや僕の考えは違った。

この時、フクはボランチ、ヒデは攻撃的MFと右サイドで縦の関係にあった。相手をサイドに追い込んでボールを奪う時、ヒデと右サイドバックの加地亮が詰めた後、フクも連動して追えばボールを取れる可能性は高くなる。

だが、この時は、ボランチの伸二が前の方でプレーしていたので、最終ラインの前にはフクしかいなかった。フクは、加地が出て行った裏のスペースもケアしなければならないから、容易に前に出てプレッシャーをかけにいくわけにはいかない。

仮にフクが出て行ってボールを取れれば良いが、かわされたらDFラインの前に出来た大きなスペースをイランに使われて、決定的なチャンスを作られる可能性が高くなる。

僕は、リスクマネジメントの点からもフクが前に行くのは反対だった。フクも僕と同じ考えだったので、「やみくもに上がれない」と反論した。それが、練習の途中で始まって、伸二も入って、激しく言い合う結果になってしまった。

僕は、ヒデの言い分も分かっていた。

彼は、イタリアでやってきたように、一人がハードにボールを奪いに行き、かわされた場合は誰かが詰めてボールを取る。そういうディフェンスの強さと連携をキチンと決めたかったのだ。

一方で、他の日本の選手たちは、そこは全力でボールを取りに行くところではなく、相手のプレーを遅らせるだけで良いという判断だった。そこで折り合いがつかないから衝突してしまった。

練習中での出来事だったので、終わった後でもう一度、冷静になって話し合おうと思い、最後はみんなを分けた。熱くなり過ぎて、お互いに自己主張ばかりしても何の解決にもならないからだ。

だが、それが新聞やテレビには、「内輪もめ発生！」のような形で報道されてしまった。

結局、その後、ホテルに戻ってヒデと話をした。

「今まで、俺たちはこういうやり方できているから、ヒデも同じコンセプトを共有してプレーしてほしい。それに、お前みたいなすごい選手が、あんなケンカ腰な言い方しても全然メリットがない。逆に、若い選手を盛り上げるような言い方をすれば、どれだけ人がついてくると思う？　そういう風に考えられないか」

その時のヒデは「俺は、そういうやり方でやってきたこともあったけど、効果がなかった。だから、言いたいことをはっきり言うようにする」と、少しムキになっていた。

イラン戦の敗因

ヒデは、自分の考えを主張することは当たり前だと思っていたに違いない。

イタリアのような個性がぶつかりあうリーグでは当然のことで、言い合った結果、意見が合えば良いという感じなのだろうが、ヒデの伝え方は、日本の選手たちには厳しく受け止められてしまう。

その頃は、ヒデのチーム内での言動がプラスにもマイナスにも振れる可能性があった。彼が歩んできた素晴らしいキャリアが、彼自身にプレッシャーをかけていたのかもしれない。

僕は、ヒデの考えとチームコンセプトをうまく合わせることができるはずだと思っていた。最初はいくら不満に思っていても、同じサッカー選手であり、一緒に時間を過ごしてやっていくうちに全部は無理かもしれないが、すり合わせていくことはできる。

そこまでヒデにこだわったのは、チームの中心がヒデだったからだ。

ジーコもヒデを外したチーム構成など到底考えていなかったはずであり、彼が入ってもまとまってやれると思っていたに違いない。ジーコがヒデ重視ならば、僕たちはその考えに従うしかない。

結果的にイラン戦は、1-2で負けた。

相手の勝ちたい気持ちが日本代表よりも上回っていた上に、日本は直前にDFのフォーメーションを4バックに変更し、守備と攻撃の両面で混乱したことも敗戦の要因だったと思う。

非常に重たい、イヤな雰囲気を抱えて日本に帰ることになった。

ここからチームをどう建て直すのか。僕は、帰りの飛行機の中で、そのことばかり考えていた。

4バックか3バックか

イラン戦に負けて、チームに暗雲が漂い始めた。

実は、最終予選の初戦となるホームの北朝鮮戦も、内容的にはいまいちで、大黒将志の土壇場のゴールで何とか勝ちを拾ったようなものだった。

そして、さらにイラン戦に4バックで挑んで負け、チーム内には「3バックでやれば勝てたのではないか」という声もあがり、悪い空気が漂い始めていた。

このような時、キャプテンとしては、選手の迷いや不安を解消しなければならない。そこで最初に考えたのは、ジーコが何を考えているかを知ることだった。

イラン戦が終わった後、多くの選手から「3バックの方がやりやすい」という声が出ていた。それは、ヒデもそうだったし、俊輔からも同じ発言が出ていた。

僕は、選手の力を最大限に発揮するためには、選手の特性が生きるシステム、すなわちこの場合は3バックを採用すべきだと思っていた。

だが、ジーコはイラン戦をどう見ていたのか。4バックの方が3バックよりも機能すると考えているのか。僕は、再度、選手の意見を聞いてまとめた後、ホームのバーレーン戦前にヒデと二人でジーコのところに行った。

イラン戦は、なぜ4バックだったのか、という問いに対して、ジーコは「マコ（田中誠）が出場停止でいなかったので、仕方なく4バックにした」と答えた。ということは、ジーコも3バックの方がいいと考えているということなのか。

だが、いきなり4バックにしたように、考えがいつ変わるとも分からない。僕は、選手の総意として、次戦のバーレーン戦は「3バックでやらせてほしい」とお願いした。

するとジーコはあっさり、「そのつもりだ」と認めてくれた。

なぜ、3バックなのかという理由はあえて聞かなかったが、正直なところホッとした。

もし、「4バックで行く」と言ったならば、自分は3バックをみんなが支持している理由を説明し、ジーコが受け入れてくれるまで話そうと思っていた。やはり納得した上で、自分たちの力を発揮できるシステムで戦いたいと思っていたからだ。

勝利で一蹴した雑音

このジーコとの話し合い自体が、後々のことを考えると非常に重要だった。

日本代表は、どういう戦い方をするのか、何がストロングポイントなのか、ジーコはよく理解してくれ、選手たちの自主性を認めてくれた。

ヒデのボランチが定着していったのも、このバーレーン戦からである。

この試合は、ボランチの伸二が累積警告で出場できなくなり、その代役はイナやヤット（遠藤保仁）が入るのかと思っていたが、ジーコの指名はヒデだった。

ヒデは「もともとボランチの選手は面白くないだろうね。自分が（もともとのポジションの選手を）押し退《の》けて出るっていうのは、どうもね。監督が俺にベンチにいろっていう方がむしろ異論はないけど」と、申し訳なさそうに言っていた。それを聞いて、ヒデもヒデなりにチームのことを考えていたのだと思い、「気にするな」と彼に言った。

さらに、イランに負けた直後に出てきた、メディアから聞こえてくる雑音もこのバーレーン戦の勝利で一蹴できた。

いくら選手同士チームで固まろうと思っていても、外野の声が聞こえてくると、「大丈夫なのか」という微妙な空気にもなれば、不安にもなる。

そんな時に、キャプテンも一緒に不安な表情を見せるのは絶対にやってはいけないことであり、そのような弱音を吐く姿は見せられない。

幸い、ジーコと3バックについて確認ができたことで、みんなで前に進もう、戦おうという雰囲気になることができた。しかも、バーレーンに勝ったことでネガティブな声を封じ込めることができた。

イラン戦からバーレーン戦まで、交渉や調整など気遣いもして色々大変だったが、勝ったことで苦労はすべて消えた。

チームを勝利に導くのが、キャプテンの一番重要な仕事だからだ。

ミーティングを行なうタイミング

キャプテンの仕事は、チーム状態が良い時は、やるべきことがあまりない。

本来なら、その方が良いのだが、チームは生きものであり、ずっと良い状態が続くものでもない。

難しい状況に陥った時、キャプテンの出番となるのだが、モノを言うには、普段からしっかりとした行動をしていることが必要になってくる。その方が、みんながしっかりと耳を傾けてくれるからだ。普段から適当なことばかり言っていると、いざという時、みんな真面目に話を聞いてくれない。

それから大事なのは、何かを行なうタイミングだ。特に、選手同士のミーティングは、その最たるものといえる。

負けが続いたり、選手が不満をもらして雰囲気が悪くなったりすると、色々な問題が起きる。しかし、チームの流れが悪い時に、何回も同じミーティングをしても意味がない。集まって話をしようと思っても面倒くさがられそうだとか、あまり意見も出そうにない暗い空気の時などは、そのタイミングでやるべきかどうか迷う。

だが、迷った時こそやった方がいいというのが、僕の考えだ。苦しい時は、キツイ選択をした方がいいと思っているからだ。

チームが悪い状態の時、そのままにして時間を置いてしまうと、本当に悪い時に言葉が出てこないかもしれない。

悪い状態を、そのまま流すのは絶対に良くない。気分の暗い時に、ミーティングを開くのは辛いが、もしその後に1日オフを挟めるのであれば、嫌なことを全部話すべきだ。吐き出した後、オフ明けの再スタートから気持ちを切り替えてやった方が絶対に良い。

悪い状況や出来事を引きずらずにきちんと整理して、次の戦いに向かうことはリーグ戦など長いシーズンを戦う上でも、すごく重要なことだと思う。

バーレーン戦前に訪れた最大のピンチ

ジーコジャパンの最大のピンチは、2005年、ドイツワールドカップアジア最終予選、アウェーでのバーレーン戦前に訪れた。

バーレーン戦の直前に、キリンカップでペルー、それから仮想バーレーンということでUAE（アラブ首長国連邦）と2試合を戦った。しかし、2試合ともカウンターから失点し、0－1で敗れた。

特に、2戦目のUAE戦は、ペルー戦での反省を生かしてカウンター対策をしていたのにもかかわらず敗れただけに、かなりショックが大きかった。

ここで一番恐かったのは、選手が「このままで大丈夫なのか」と思ってしまうことだった。連敗したからメディアは色々批判する。それに影響されてチームのやり方や監督に不信感を抱いてしまう状況が一番まずい。

しかも、得点力不足の中、FWの高原直泰がケガをしてバーレーン戦に参戦できなくなった。

チームは重たい雰囲気を引きずったまま、合宿地のアブダビに入った。

アブダビでの練習最終日、ヒデ、俊輔ら海外組が合流して紅白戦が行なわれた。

ジーコは、初めて鈴木隆行の１トップ、シャドー的なＭＦにヒデと俊輔という３－４－２－１というシステムを試した。

初めて試す攻撃的な３人の動きが、「どう噛み合うか」と思っていたが、問題が起きたのは攻撃面ではなかった。

前日に合流したばかりのヒデは、いつも通り、前から積極的にプレスを掛けに行った。だが、サイドバックやボランチなど、ヒデの後ろにいる選手がボール奪取に来ないので、次第に孤立していった。

しかも、前に前に行くので、前線とＤＦの間には大きなスペースができてしまい、そこを相手側のヤット（遠藤保仁）や中田浩二にうまく使われて再三、決定的チャンスを作られた。

前半が終わった後、ヒデは伸二やフクに「もっと前に出ろよ。じゃないと攻撃できねぇじゃん」と、強い口調で要求した。

これはあくまで紅白戦だ。(中澤)佑二、田中誠らディフェンス陣とボランチのフク、伸二とは、前日練習した守備のシステムを試すことを優先させることで一致していた。

このことは、僕から簡単にヒデにも伝えていた。しかし、ヒデはゲーム方式の練習になるとスイッチが入り、本気モードとなってしまった。

後半、鈴木隆行に代わって柳沢敦が入ると、多少全体の動きが良くなったが、依然としてヒデは前からガンガンボールを取りに行っていた。

ただ、僕らもベタ引きするわけではない。前から積極的には行かないが、僕らがコントロールしている中で、前の選手が戻ってきて、相手を追い詰めてボールを奪うようなディフェンスができれば良いと思っていた。

しかし、ヒデは前線の選手を巻き込んで前から取りに行くため、僕らディフェンス陣と距離が離れてしまう。

しかもボールを取りに行って相手にかわされると戻れない。結局、後半も中盤でフリーになったヤットからスルーパスを何本も通されて、何度も危険なシーンを作られ、本山雅志にDFの裏を取られてゴールを決められ、0-1で負けた。

ボールは取れないし、攻撃は繋がらない。

前線、中盤、最終ラインのコンビネーションはバラバラで、前日に確認した守備の連携はサッパリだった。3日後にバーレーン戦を控えて、「このままだと勝てない」という、まずい雰囲気になった。

中田英寿との折り合い

紅白戦後、僕は、その足でヒデのところに行った。

まず、チーム状況について説明する必要があった。

「このアブダビに来る前に、カウンターから失点し、2試合連続して負けている。その結果、選手が自信を失いかけている。だから、まず守備をしっかり立て直して、自信を取り戻したい。だから今度の試合も、慎重に入るべきじゃないか」

ヒデは、チーム状況と試合は守備から入るという点については納得してくれた。

しかし、ボールの取りどころについては、真っ向から対立した。

僕の考えでは、センターサークルのへりの部分にFWがいて、そこからサイドに追い込んで自陣でボールを奪えれば良い。前がかりになって、うまくボールを回されて失点することだけは絶対に避けたかった。アウェーということもあり、相手の出方を待って守備の網を掛け、僕らがカウンターを仕掛けるぐらいの心構えで良いと思っていた。

ヒデは、いつも通り全体に押し上げて前からプレスを掛けてボールを奪い、攻めたいと主張した。僕は、ヒデの主張は間違いではないと思ったし、ヒデの言う守備のやり方も嫌いではなかった。僕としても、できることなら、ヒデの言うプレッシングサッカーを体現し、自分たちから相手にプレッシャーをかける戦い方をしたい、アウェーでのイラン戦のように攻撃的に戦いたいとも思っていた。

だが、そのサッカーをやるには気候が厳しく、チーム状態もドン底で、自信を失いかけていた。

トルシエもあの、フランス戦で0-5で負けた後、まず守備からてこ入れをした。その次の試合でスペインに0-1で敗れたものの、守れるということを証明し、選手の自信を回復させた。「自信を回復させるためには、まずは守備から」は鉄則でもある。

おそらく、ヒデは、僕の言う守備重視の戦い方を消極的に感じて我慢できなかったのだろう。日本選手の個々のレベルは非常に高く、チームとしての組織力もある。普通に戦えばバーレーンには負けない力があった。だから、わざわざ引いて消極的に戦う必要はなく、真っ向勝負を挑んで勝ちたいと思っていたに違いない。

食後にミーティングを提案

チームに長く帯同していなかったヒデにとっては、キリンカップ前後からのチームの動揺、空気を感じるのは難しかっただろう。ある時点におけるサッカーの質を取り出して議論するのは簡単だが、チームは生きものだ。だからこそ、ヒデにはそれまでの流れの中で作ってきたサッカー、この場合で言うと、守り方を理解して欲しかった。

しかし、その意図は、なかなか通じなかった。

いつの間にか、伸二、フクの他に加地亮や佑二、アレックス（三都主アレサンドロ）も参加して熱い議論がなされたが、ナイター練習のため、ジーコが練習の終わりを告げた。

僕は、この問題をこのまま放っておくわけにいかなかった。

戦術的なことだけではなく、チームとしての一体感がなかったことも気になった。このまま流したら、絶対にチームはバラバラになる。そんな危機感を抱かざるをえない内容だった。

食事が午後9時ぐらいのスタートで遅かったが、その後にミーティングをやることを決めた。みんなのテーブルを回り、「食後やるよ」と伝えた。

その時、それまでのミーティングをやる時の雰囲気とは少し違った。

いつもは、「やるの？」という感じだったが、今回は「やろうよ」という前向きな空気が感じられたのだ。みんな、何かしらの危機感を抱いているのだなと思った。

リラックスルームで、午後11時すぎからミーティングが始まった。

アブダビの長い夜

まだ、練習が終わってから3時間弱しか経過していない。激しい議論が生々しかったのか、重苦しい雰囲気だった。最初から戦術的な話をするのもどうか、また若い選手を指名しても話しにくい。そこで僕は、ベテランの選手から何か話をしてもらおうと思い、アツさん（三浦淳宏）に最初の発言をお願いした。

「俺は、次が年齢的に最後になるからみんなと一緒にワールドカップに行きたい。俺はワールドカップに行きたいんだよ。この面子だったらバーレーンに負けるわけがない。自信を持ってやろう。たとえ俺は試合に出られなくても、チームのためになんでもやる。だから、出ている選手は出られない選手の分まで頑張ってほしい」

アツさんの言葉は、心に染みるものだった。

ひとつのメッセージに気持ちが引き付けられ、心が動く。まさにそんな感じで、このままミーティングが終わっても良いというぐらいだった。

ヒデでさえも「バーレーン戦にすべて賭けよう」と、熱くなって話をした。アツさんの言葉がみんなをひとつにしていた。

しかし、戦術面の問題をクリアしておく必要があった。僕が先陣を切って話をした。

「まず、球際への厳しさが足りない。もっと厳しくいかないと今日の紅白戦のように簡単にボールを持たれて、自由にやられてしまう。あと、ボールの取り方だけど、暑さと、先に失点しないことを考えると、あまりにも前から積極的に取りに行くのではなく、センターサークルのへり近くのFWがサイドに追い始めて、自陣でうまく取れるようにしたい」

全員の気持ちがひとつになりつつあったので、みんなが積極的に話し合いをする空気になっていた。

僕は、何が問題だったのか、明確に分かるように相手チームだったヤットに「紅白戦で戦って、気になったことを話してくれ」と、話を振った。

「前からプレッシャー掛けに来ていたけど、連動していなかったので、一人かわせばフリーになれた。プレスするポイントも絞れていないし、誰がどう声を掛けるのかも決まっていない。きっちり決めて厳しくいかないと、今日のように中盤から決定的なパスを出されることになる」

ヤットの言葉は的確だった。

前線と僕らの距離が離れて、中盤には大きなスペースが出来ていた。

前と後ろでは、意識の違いがあり、それがそのまま露骨に試合に出てしまった。さらに、ヒデに「ここで行ってくれ」というディフェンスの指示も出していなかった。狙いはあったが、コミュニケーションが取れず、全体で意志統一しようという気持ちが欠けていた。

浩二（中田）は、ボールの取り方について、「1トップで行くから取り切れない。ボールを追う時は2人が挟むような感じで行った方がいい」と、提案してくれた。

その意見には、ヒデも伸二もフクも同感だった。

2人で挟み込めばパスコースが限定されて、インターセプトをしやすくなる。ただし、その際、絶対に逆サイドに振られないように、守備の陣形を整えておく必要がある。そこをみんな、意識して徹底しよう。そして、明日の練習でさっそく試してみようということで、みんなの意見が一致した。

問題点を洗い出し議論はしたが、ミーティングだけで解決できるとは思っていなかった。

しかし、僕は、みんなのなんとかしたいという気持ちと勝ちたいというエネルギーを感じて、良い話し合いができたという手応えがあった。

なぜ、そう思ったのか。

みんながそれぞれ何を考えているのかを、みんなの耳に入れることができた。キリンカップで2連敗して、うまくいかなくなってから自信をなくし、お互いにあいつ何考えているのだろうと疑心暗鬼になっていた部分があった。しかし、顔を合わせて話をすることで、それぞれ自分の気持ちを互いに共有することができたのだ。

また、勝ちたいという気持ちで、みんな同じ方向を見られるようになった。ワールドカップへの気持ちを、みんなで再確認できた。

守備の基本的な部分で考えが一致し、前向きに「やろうじゃないか」というポジティブな空気に変わった。

あとは、練習で試してどう転ぶかということだった。

翌日バーレーンのマナマに移動し、紅白戦をしたが、内容は前日と打って変わって素晴らしい出来だった。球際の厳しさは目を見張るものがあり、センターサークルのへりに相手がボールを運ぶと次、次という感じでプレスを掛けた。それが繋がると連動した動きとなり、型になってきた。

僕は、勝てると確信した。

アウェーのバーレーン戦は、直前に伸二が骨折でスタメンを離れ、小笠原満男が入るというアクシデントはあったが、その満男がミドルシュートを決めて1－0で勝った。

この勝利で日本代表は、ドイツワールドカップ行きに王手を掛けた。

ミーティングというのは、なかなか実のあるものにするのは難しい。だが、タイミングとやり方次第では、すごく大きな力を持つものだということを改めて思った。

失敗したオーストラリア戦前のミーティング

アブダビの夜のミーティングは、成功に終わった。

成功した時のミーティングというのは、進行している最中にうまくいっているなというのがなんとなく分かる。もちろん議題や出てくる発言に左右される場合はあるが、やはりみんなが真剣に向き合い、ミーティングに熱がある時は、大きな成果をもたらしてくれる。

逆に、ミーティングをしてもチームの雰囲気を変えられず、大きな成果を得られなかったケースもある。

ドイツワールドカップ、オーストラリア戦前に行なったミーティングだ。

僕自身は、5月20日、代表が集合した時から2004年のアジアカップで優勝した時のような雰囲気を、もう一回作り出したかった。

Jヴィレッジでの最初の練習の時、全員の前で、「みんながひとつになって、アジアカップのあの雰囲気を作り出そう」という話をした。親善試合のドイツ戦に2-2で引き分けたこともあり、雰囲気はグッと上向きかけた。

だが、ワールドカップ直前、最後の親善試合となったマルタ戦は、全体的にピリッとせず、なんとなく気の抜けた空気が感じられた。ヒデも「こんな試合をやっていたらマズイ」というコメントを残していた。

しかも、マルタ戦が終わった後、食事をしていると気になる話が耳に飛び込んできた。マルタ戦で途中交代した選手がベンチに座った時、普通はトレーナーがアイシングの氷などを持ってきてくれるのだが、その時は「自分でロッカーに取りに行ってくれ」と言われたという。どちらが良いとか悪いとかではなく、チーム内でそういう話が出てくること自体、チーム状況が良くない証拠だ。

その上、2002年日韓大会の時にあった、ワールドカップを戦っていくチームのダイナミズムが感じられず、初戦のオーストラリア戦に向けて一丸となっている雰囲気ではなかった。そのため、もう一度、気持ちをひとつにしようとミーティングをしようと決めた。

しかし、結果は……うまくいかなかった。

みんな、心をひとつにして、「よしっ」という感じにならなかった。

僕としては、「アブダビの夜」の成功体験があり、シチュエーションもあの時のように大きな試合の前だったこともあり、「これで雰囲気が変わってくれたら」と甘い期待を持っていた。

だが、たいした盛り上がりもないまま、解散してしまった。

ミーティングが終わって、みんなが部屋を去っていった後、すごく虚しく、果たして今回はやるべきだったのか、ということも考えてしまった。こういうミーティングは、何回もできるものではないからだ。

場所と状況という、ミーティングの難しさ

失敗の要因は、いくつかあった。

まず、ミーティング場所の設定ミスだ。

場所としては、食事会場、リラックスルーム、トレーナールームの3つが候補だったが、食事会場は窓もなく、ガランとしていてミーティングするような雰囲気ではなかった。狭いリラックスルームでは選手が入りきらない。トレーナールームを使用することにした。部屋自体は適当な広さだったのだが、器具などが色々置いてあり雑然としていたり、部屋の真ん中に螺旋階段があるおかげで、みんなの顔がよく見えなかった。ミーティングは、みんなが顔を見合わせて腹を割って話をし、お互いを理解するというのが狙いのひとつだ。だが、これではお互いの顔を見て話すことができない。一体感を損なうので、イヤな感じはあったが、ベストな部屋がないので仕方なかった。

また、状況的にも難しかった。

アブダビの時は、ワールドカップ本大会出場の権利がかかっている試合の前だった。みんなのモチベーションも非常に高く、ワールドカップに行くということで気持ちがひとつになった。

だが、ワールドカップ本大会では、試合に出られそうな選手、そうではない選手という線引きがほぼ見えていたこともあり、選手のモチベーションに大きな差があった。サブの選手のストレスが、想像以上に大きかったのだ。

２００２年の日韓大会の時にはゴンさん（中山雅史）や秋田（豊）さん、アブダビの夜にはアツさんに土肥（洋一）さんというベテラン選手たちがいた。

彼らは、サブの中に入って「俺らもやるぜ。盛り上がっていくぞ」と、士気を高め、一体感を演出してくれた。

ドイツワールドカップの時の僕は、試合に向けてチームをなんとかしようと考えるだけで精一杯で、サブの選手へのケアというか対応ができなかった。大会中、ゴンさんのようなベテラン選手がいてくれたらと、どれだけ思ったことか。

ミーティングが終わった後、僕は、改めてミーティングを行なうタイミングの難しさを感じた。チーム状態が悪いから、すぐにやればいいというものではない。みんながどういうベクトルを向いているか、みんなは何を望んでいるのか、目前の試合はどういう試合なのか。そうしたことを把握してから「ここだ」というタイミングでやらなければ最大の効果は得られない。

ベテランの存在の大きさ

僕がベテラン選手の存在が大事だなと思ったのは、ドイツワールドカップで最終的にチームをうまくまとめることができなかったからだ。

その時、僕は改めてメンバー構成の重要性を感じた。考えてみれば結果を残した時の代表は、常に年齢のバランスが取れていて、ベテランと言われる選手がいた。

2002年の日韓大会には、ゴンさん、秋田さん、2004年アジアカップには藤田俊哉さん、アツさんがいた。そういうベテラン選手がサブでありながらも献身的にサポートしてくれたおかげで、チームはひとつになることができた。サブでも文句を言わずに練習を一生懸命にやり、時には冗談を言ってチームの雰囲気を和ます。その姿を見て、何かを感じない選手はいないはずだ。

ドイツワールドカップの時、伸二を中心とした同世代の選手たちは、25歳、26歳と年齢的にもっとも動ける時期だった。絶対に活躍できるはずと思っていたであろうし、だからこそベンチに座ることが我慢できなかったのだと思う。前の日韓大会を経験していることもある。

あれから4年、そんな彼らも成長している。

最近のイナの発言などを見ると、4年前と違ってチームを俯瞰《ふかん》して見ているなと思うこともあり、「チームのために」という気持ちも出ている。満男もファンに積極的にサインをするようになり、発言を見てもずいぶんと丸くなった感がある。みんな、色々な経験をして、年齢を重ねれば変化していくということだ。

ベテラン選手は、プレー面でも安定感がある。

若い勢いのある選手は、すごく良いパフォーマンスを披露する時もあれば、まったく調子が出ないという時もある。それを繰り返して中堅になり、安定感が出てくるのだが、ベテランは、ここぞという時に求められることをこなせるし、状況が良い時も悪い時も何をやれば良いのか分かっている。それは、若い選手の真似できない、経験がモノを言うところだ。

また、ピッチで起こっている現象について、他の若い選手と違った視点で見ることができる。

試合がこういう流れでいくと、この先にこういうことが起こるかもしれない、もしくは大きく流れが変わるかもしれない。これまでの経験から試合の流れを読むことができるので、的確なアドバイスをしてくれる選手が多い。

さらに、厳しい状況になった場合、モチベーションを上げてくれる。

そういう選手でないと、ベテランと言われる年齢までプロとしてプレーすることはできないと思う。

ベテランになって、何かの理由でサブになった。そこでモチベーションが低下して、やる気を失ってしまった。そのままコンディションを落とし、出番が来た時に監督の期待するパフォーマンスが出せないのでは、選手としての評価は落ちてしまう。それではチームのために働くことはできない。

最後まで埋まらなかった溝

ジーコジャパンでは結局、ヒデとは最後まで、「中盤でのプレッシング」について折り合いをつけられなかった。

ヒデは、基本的に「ボールに対して、いつもプレッシャーを掛けていたい」と言っていた。常に前からプレッシャーを掛け続けて、中盤でボールを奪って、速く攻める。ヒデはそのスタイルでイタリアやイングランドで生き残ってきて、それは欧州のサッカーでは当たり前のことだったのだ。

当時、日本代表チームには代表メンバーで培ってきたやり方があった。

ボールを奪うために、中盤よりも前からガツガツ行く感じではなく、ラインもそれほど高く押し上げることはしない。日本のサッカーは個人の力でボールを奪取することは得意ではない。それよりも数人でプレスを掛けて相手がボールを動かしてパスをする間に狭いゾーンへ追い込んでインターセプトを狙ったり、相手がミスするのを待ったりすることを得意としていた。

だが、レベルの高いチームは、簡単なミスはしない。

しかも、1対1の対応でボールを奪うのは、もっと難しい。それができる選手は限られていて、欧州でやってきた選手の守備への意識と国内組中心の代表の守備のやり方には差があった。だから、僕は、それまでの代表の守備のやり方を理解してもらおうと何度も話をした。

しかし、ヒデは納得しなかった。

もちろん、僕もそもそもスタメンの11人全員が納得してプレーすることは、非常に難しいとわかっている。

だが、団結して勝利を目指すためには、どこかで折り合いをつけてプレーする必要があり、何かを犠牲にしないといけない。悶々《もんもん》としたものを抱えたままプレーするのは良くないが、個人がチームのために我慢してプレーするということもチームスポーツとして、勝利のために必要なことではないだろうか。

それでも諦めずに理解してもらおうと話をしたのは、ヒデはジーコの信頼が厚く、チームの中心的選手だったからだ。

それに、ヒデを絶対にアンタッチャブルな存在にしてはいけないということもあった。そういう存在を作ってしまうとチームは、微妙な力関係が働き、絶対にまとまらない。そのため、僕はヒデに対してそれなりの気遣いをしながら、本大会前もうまい具合に乗せながら盛り上げていこうと考えていた。

しかし、ドイツワールドカップが終わるまで、プレスを含めた守備のやり方について同じ絵を描くことはできなかった。同じ年齢で、長く一緒にやってきたことで、どこかで分かり合えているはずだという気持ちがあったが、ヒデは戦術的なことに関してはまったく妥協がなかった。

第2章

状況判断力と戦術理解力で
チームを勝利に導く

アジアカップ・ヨルダン戦でのPK戦

キャプテンとしてピッチ上で選手をまとめ、勝利を導くために必要なのが、「状況判断力」と「戦術理解力」だと思う。

2004年、アジアカップ準々決勝のヨルダン戦は、厳しい試合だった。

日本代表は、ヨルダンに先制され、しかも日本のストロングポイントである両サイドの動きを封じられ、苦戦していた。中村俊輔のFKから鈴木隆行が決めて追い付いたものの、決め手を欠いて1－1のままPK戦にまで流れてしまった。

PK戦は、日本が先攻だった。

PKのキッカーで一番最初に蹴る選手は、かなりプレッシャーが掛かる。だから、チーム内でもっとも自信のある選手が蹴るケースが多い。

その1番手の俊輔が変な蹴り方をして外した。

キックの上手な俊輔が外したことで、「これはおかしい」と思った。

さらに、2番目の三都主アレサンドロも外した。その時、僕は後ろから見ていて、アレックスが軸足を踏み込んだ時、芝がズレていたのが分かった。確認しようとPKのスポット付近を見に行ったら、付近の芝がグチャグチャになっていた。

この瞬間、僕はレフェリーに抗議することを決めた。

なぜ、そう思ったかというと、実は２００４年の欧州選手権でのイングランド代表デイビッド・ベッカムのＰＫシーンの記憶があったからだ。あの時も芝生が緩かったため、ベッカムが軸足を踏み込んだ時にボールが動いてしまい、ＰＫを外してしまった。その残像と俊輔やアレックスのミスキックが重なった。こんなポイントでＰＫ戦をやるのは、フェアじゃないと思ったのだ。

もうひとつ、狙いがあった。

レフェリーに言ったところで聞き入れられる可能性は半々か、もしくはたぶん難しいだろうなと思っていた。だから、レフェリーに抗議する時間、少し間を置くことでヨルダンにプレッシャーを掛けたいと思った。

レフェリーへ異例の抗議をした理由

抗議することに、ためらいなどなかった。

キャプテンとして勝利のために「おかしい」と思うことはしっかりと言うべきであり、

これはアジアカップというタイトルが掛かった大きな大会だ。こんなPK戦で負けたら「しょうがなかった」では済まされない。

さらにここに至るまで、中国各地で日本代表は国歌斉唱の時から物凄いブーイングを受け、中国サポーターの憎悪に満ちた完全アウェーの中でプレーしてきた。バスが止められたり、モノが投げつけられたり、応援に来てくれていた日本のサポーターも被害にあったという話を聞いていた。

それに対して、やはり憤らないわけがない。

だから、なんとしてでも勝ちたいという気持ちが強かった。チームが勝つにはどうしたら良いのだろうと思い、その行動に出た。

最初、レフェリーのところに行ったら、レフェリーの表情が強ばっていた。

僕は、それを無視して冷静に言った。

「蹴ったら動いてしまうような芝でやるのは、フェアではない。スポットを逆側に変えるべきではないか。それは、あなたが決めることだし、今だったら変更できるのではないか」

実際には難しいだろうとは思っていたが、レフェリーは考えながら歩き出し、マッチコミッショナーのところに歩いて行った。嘘だろうと思った。まさか、本当に考えてくれるとは、思わなかった。

双方のチームに混乱があったが、主審の判断によりスポットの位置が変わり、PKが再開された。

ヨルダン側の2番手の選手が左利きだったのを見て、「しまった」と思った。彼は変更されたピッチコンディションの良いところで、きっちりとPKを決めたのだった。この選手が、同じ左利きである俊輔やアレックスが蹴ったサイドでPKをやってから、スポット変更を願い出るべきだった。自分の判断が間違っていたかもしれない……と後悔の念が一瞬湧いてきた。そんな時、目に飛び込んできたのがGK川口能活の鬼気迫るプレーだった。

能活が奇跡のようなファインセーブを連発して、PKをイーブンに盛り返した。

僕はPKを蹴るのが苦手だ。まだPK戦があったころのJリーグでは2回ほど外している。ついに、7番目のキッカーとして僕の出番がやってきた。

ボールをPKスポットに置いて蹴る瞬間は、すごく冷静でいる自分に気がついた。あれほど耳障りだったブーイングも何も聞こえない。僕は、ボールに向かって真っすぐ助走に入り、左サイドを狙って決めた。続くヨルダンの選手はプレッシャーを感じたのだろうか、ポストに当ててしまい、日本は勝った。敗色濃厚のPKをよく引っ繰り返したと思う。まさに、息が詰まるようなPK戦だった。

この試合は、スポットを変えたことで勝利に繋がったと言われた。たしかにキャプテンのひとつの仕事として、流れを変えるキッカケ作りができた実感はあった。ただ、能活のファインセーブがあってこその勝利だったと思う。この苦しい戦いを通してチームがひとつになった。この1勝の価値は本当に大きかった。

勝ちたい、あるいは成功したいと思い、そのためにやらなければならないことが見つかったのであれば、すぐに行動することが大事だ。何も行動せず、あの時、やっていたらどうだったのだろうと後悔するよりは、行動して反省した方が良い。

そのことを改めて実感した試合だった。

流れを変えた、中澤佑二への指示

ゲーム中、的確な状況判断をし、ひとつの指示で流れが大きく変わった試合もある。

アジアカップの準決勝、バーレーン戦は、総力戦になった。

開始わずか6分で先制されて、前半40分には遠藤保仁が退場になり10人で戦うことを余儀なくされた。

ヨルダン戦から中２日で疲労の色が濃く、異常に暑かったこともあり、なんとなく試合に入ってやられてしまった。

だが、後半、負けられないぞと思い、みんなで気合いを入れ直したところ、中田浩二と玉田圭司が相次いでゴールを決めて逆転に成功した。本来であれば、ここで２－１のまま勝たなければならない試合だったが、ミス絡みで追い付かれ、後半40分には痛恨の逆転ゴールを許してしまった。

「厳しいな」と思ったが、このまま負けるわけにはいかない。だが、時間は刻々と過ぎていく。

ロスタイムに入りかけのところで、ハッと思った。

思い出したのは、２００２年日韓ワールドカップのトルコ戦だった。

前半に先制され０－１で相手が引いて守る中、なかなか崩せないまま時間だけが過ぎて行った。僕らはさしたる手も打てず、そのまま負けてしまった。あの敗戦の苦味はずっと残っていた。

自分たちで、もう少し考えて何かできなかったのだろうかと反省した時、松田直樹などセンターバックの選手を前に入れてロングボールを入れるというのもありだったかなと思っていた。パワープレーは何が起こるか分からないからだ。

今度、またトルコ戦のような状況になったとしたら、後悔しないようにやってみようと思っていた。それに、今さらバーレーンに追加点を取られたところで何も状況は変わらない。

そこで「佑二、上がれ」と言った。

ロスタイム、左サイドのアレックスからのクロスをヘディングでゴールにたたき込んだのは、ゴール前まで上がっていた佑二の力だ。よく決めてくれたと思う。

同点に追い付き、延長に入ってから玉田が決勝ゴールを決めた時には、心が震えた。

ギリギリの状況に追い込まれた中で、過去の経験をプレーに反映させるというのは、簡単なことではない。

そこで一番大切なのは、試合を読む力だ。投入されてくるだろう選手や戦術の変化に対処するのはもちろん、試合の状況、相手の選手の疲れた表情や、ベンチの状況など、色々なものを見ながら適切な判断ができるかどうか。

それが、あの瞬間にできたのは、自分でも驚いたが、そういう判断を土壇場でできるということも、キャプテンの重要な資質のひとつだと思う。

ゲームをどうキッチリ終わらせるか

試合の終盤、ゲームをどう導き、どのように終わらせるのか。

それは、キャプテンの仕事として、非常に難しいことのひとつだ。

負けている場合は、なんとしてでも引き分けか、あわよくば試合を引っ繰り返すために色々考えて点を取りに行く。

だが、例えば1－1というドローの状態で試合が流れている場合、そのまま勝ち点1でよしとするのか。それとも勝ち点3を奪いに行くのか。判断して、意志統一をして、その方向にチームを引っ張っていかなければならないが、これが難しい。

2006年のドイツワールドカップ、グループリーグの初戦オーストラリア戦で、僕は、その判断をチームに浸透させることができなかった。

オーストラリア戦、前半26分に俊輔のFKから先制した。

かなり暑かったが、それは相手も同じこと。日本のひどい暑さに慣れている分、まだこちらの方が有利だと思っていたこともあり、このまましっかり守りつつ、カウンターで2

点目を狙えば良いかなという感じで試合を進めていた。

しかし、後半16分、オーストラリアのヒディンク監督は、192センチのFWケネディを投入してきた。そこから徐々にオーストラリアに流れが傾き始めた。ロングボールを多用し、得意のパワープレーでプレッシャーを掛け始めた。30分には、さらにFWアロイージを入れて相手は4トップのような布陣となり、日本は自陣にほとんど釘づけにされた。

この後、後半34分にジーコは伸二を投入したが、最初、それはボールをうまくキープしろよというメッセージだと思っていた。

ピッチの中は、相手のロングボール攻撃にさらされて、それを跳ね返すだけで精一杯という状況だった。それだけにボールの出所にしっかりチェックに行き、ボールを追い回してくれるような大黒将志、DF能力の高い稲本潤一や中田浩二などが投入されるかなと思っていた。

しかし、伸二が入ってきてベンチの意図を伝えるわけではなかったので、彼の特徴であるボールを落ち着かせる能力を生かして、ゲームをコントロールしていこうと考えた。だが、僕らはボールを奪ったところでキープしないまま、相手DFが構えているところに速い攻撃を仕掛けてはまた奪われるということを繰り返し、戦い方を統一できていなかった。

このままロングボール攻撃を続けられればスタミナを失い、厳しい状況になるのは目に見えていた。だが、この時は、まだやられる感じはしなかった。フクとも試合中に話をしたが、相手の攻め方は分かっており、セカンドボールを拾えるようにすれば、攻められてもこのままいけるだろうと思っていた。

オーストラリアに逆転負けした理由

しかし、後半39分、そのこぼれ球を決められて同点に追い付かれた。

みんな、我慢して必死に守っていただけに、同点に追い付かれてかなりのショックを受けていた。しかもスタジアム全体が物凄い歓声に包まれ、異様な雰囲気になっていたので、その雰囲気にも飲み込まれた。

それまでは時計を見る余裕もあり、もう少し耐えれば勝ち点3を取れると冷静にプレーできていた。しかし、失点はこちらのミスによるものだったこともあり、個人的にもショックは大きかった。

だが、勝負は、ここからだ。

僕は、リードしていた時も、追い付かれても1-1ならOKだと思っていた。グループリーグ突破のためには負けずに、しっかりと勝ち点を重ねることが大事だからだ。

現実に同点に追い付かれた中、このまま勝ち点1をキープしつつ、勝ち点3を狙ってカウンターを狙うのか。それとも勝ち点1のまま無理をせず、守り切るのか。あるいは絶対に勝つためにリスクを負ってでも勝ち点3を奪いに行くのか。ベンチからの指示も気にしながら、試合を進めなければと思っていた。

ただ、頭では冷静に戦おうと思っていても、こういう異様な状況の中でチームを落ち着かせ、意志統一を図るのはすごく難しい。みんなショックと消耗と興奮状態が入り交じって、何を話しても聞き入れられるような状態ではなかった。何よりもスタジアムがうるさくて、何を言っても聞こえない状態だった。

そして、恐れていたことが起こった。

戦い方を徹底する前に、攻撃的な選手たちが、ゴールを奪おうと前に出て行った。

僕たち守備的な選手たちは、なんとか最低引き分けでもと思い、ラインを下げてでも守らなければと思っていた。しかし、チームは、最後の一番重要な場面で全体が、意志統一できないままに戦っていた。

それが、結果的に逆転負けに繋がってしまった。

今でも悔やまれるのは、1－1になった時、明確にみんなにドローでも良いということを伝え切れなかったことだ。

それは、もう自分の力が足りなかったとしか言いようがない。

本当の意味での世界での厳しい経験があれば、もっと余裕を持って戦うことができ、オーストラリアの攻撃にも臨機応変に対応できたかもしれない。

試合後、ヒディンク監督が「どうやって試合を組み立てるのか、しっかりとしたプランがなければ、幸運は呼び込めない」と逆転勝ちについて、コメントしたらしい。

僕らには、そのプランがなかった。勝ちたい気持ちだけで試合に入り、最後の最後に戦い方を統一できず、やられてしまった。

キャプテンとして、試合中に考え、決断する難しさを一番感じた試合だった。

試合中に訪れる「予感」

試合をコントロールしているにもかかわらず、ゲーム中に「やられるかもしれない」と思う時がある。２００２年の日韓ワールドカップのトルコ戦は、それを強く感じた後、実際にやられてしまった試合だ。

試合は、開始早々から自分たちが主導権を握り、良い感じで試合をコントロールしていた。しかし、バックパスのちょっとしたミスから相手のコーナーキックになった。その瞬間、「これは非常に危ない。失点してしまうかもしれない」という感覚が頭の中をよぎった。そして、前半12分、実際にコーナーキックからやられてしまった。

また、自分たちが優位に試合を進めていく中、いつの間にか自分たちの陣形がどんどん前掛かりとなり、背後に大きなスペースが出来てしまっている時がある。「このタイミングでボールが引っ掛かって奪われたら危ない」と思った矢先、それが現実になることがけっこうある。

良い流れの中から突然、その流れを妨げるようなイージーミスとか、考えられないようなミスが起こって相手にチャンスを与えてしまった時は、非常に危ない。

例えば、トルコ戦の失点は、普通に相手に攻め込まれてクリアしたボールがコーナーキックになるという試合の流れから起きたものではなく、自分たちのミスで引き起こしたものだった。

僕は「危ない」と感じた時は、いつも以上に大声で叫んだり、しっかり注意を喚起したりする。

特に、ケアレスミスから相手にコーナーキックやフリーキックというチャンスを与えてしまった時は、失点の可能性が高くなる。こういう時は、より高い集中力が必要であり、いつも以上に声を掛けて「集中」を促す。危ないという雰囲気を自分一人ではなく、チーム全員で感じることができれば、危険を回避できる可能性は高くなるからだ。危険な時間帯を乗り越えられれば、風向きが変わり、いずれチャンスはやってくる。

試合の流れを読む

試合の流れを読むということは、選手にとっては重要なことだ。

相手の流れで来ているのか、それとも自分たちのペースで来ているのか。これから先、どのような展開になっていくのか。

例えば、相手に流れが傾いている時に、自分たちがファールを受けてフリーキックをもらったとする。そのような時は、すぐに蹴らずにゆっくり時間を掛けて蹴ることで、流れを自分たちに引き戻すようなプレーの選択をしないといけない。

また、後半20分をすぎて自分たちが1－0で勝っている場合であれば、あらかじめ頭に入れておいた相手チームのサブメンバーを思い出しながら、この時間帯にはこんな選手が出てきて、こういうプレーをするだろう、相手の監督もこんな指示をしてくるだろう、と予測しておく。

試合の状況に基づいたシミュレーションをいくつか頭の中でやっておけば、実際に起きた時に慌てずに対応することが可能になる。それがそのまま現実になれば、こちらの思う壺だ。

こうしたことは、最初から誰もができるわけではない。

僕も入団したての頃は、目の前でプレーがどんどん動いていく中、それに関与するだけで精一杯だった。だが、試合経験を積み重ねていくにつれ、できるようになった。

それでは、経験のある選手しか試合の流れが読めないということになるが、必ずしもそうではない。経験の少なさは、訓練することで十分に補える。

まず、自分のやり方を研究するだけではなく、相手情報を頭に入れておくことが重要だ。相手FWの特徴を把握しておけば、慌てることなく対処でき、先に相手の良さを潰すこともできる。

僕はいつも、試合数日前には、必ず時間をかけて選手の特徴をビデオで把握している。

それは、自分のように、頭やデータを駆使して体格的なハンディをカバーしなければならない選手としては当たり前の作業だ。これらひとつひとつの積み重ねが、身体的なハンディを克服してプレーできた要因だと思う。

たくさん試合を見て、感覚を磨く

試合の流れを読めるようになるには、「できるだけ多くのサッカーの試合を見る」ということが大事だ。

ただ、単純に見ているのではなく、「なぜ点が入ったのだろう」「なぜ、そういう流れになっていったのだろう」という視点から、そのターニングポイントになったところまで遡《さかのぼ》って、その原因を特定するのだ。

例えば、せっかく良い流れでプレーしていたチームが、ひとつの判断ミスか技術的なミスから相手に流れが移ってしまったシーンをビデオで見つける。そして原因を究明するために、ミスが起きた分岐点を探すため何度も遡ってプレーを見直す。

このような訓練をした後は、今度は訓練してきたものを、実際に試合の中で実践してみる。実戦の場において、流れを変えた出来事を頭の中で把握していけば、「こういう時にはこうなる」という経験のカードが増えていく。そのカードが増えていけばいくほど、試合の流れを読むのがうまくなる。

試合の流れを読むということは、試合に勝つ確率を高めるために必要なことだ。

そのためには、リスクマネジメントやリスクヘッジもしないといけない。

それが的確にできたら1－0で進行している試合を2－0にできるかもしれない。それができなければ1－2にされて、大事な勝ち点を失ってしまうかもしれない。その1敗で、優勝を逃してしまうかもしれないのだ。

勝つためには試合中、常に頭をフル稼働させて試合の流れを読み、勝利の尻尾《しっぽ》を摑《つか》むことが必要なのだ。

クロアチア戦で求められた、大きな決断

2006年ワールドカップのクロアチア戦は、メンバーとシステムを変えて賭けに出た試合だった。

ジーコは、攻撃的MFに初めて満男を、そして左サイドバックにはアレックスを入れた。満男の起用は、ジーコの中にアウェーのバーレーン戦で決勝ゴールを決めた印象が強く残っていたのかもしれない。ジーコは中盤に優秀な選手が多いので、4人のMFを置きたい

ということも話していた。

大会中に今までやってきたシステムを変えるというのは、そんなに心配はない。システムを変えることで逆に、みんなが集中し、注意力がアップして良いプレーに結びつくケースがあるからだ。

序盤は悪くなかった。

特に、満男が頑張り、献身的な守備とセンスのある攻撃で中盤をリードしてくれた。いけるかもしれない。そんなことを思い始めた矢先だった。

前半21分、僕はPKを取られた。

プルショというFWの動きにつられて対応が遅れ、ロングボールの処理をするためボールに先に触れようと足を出した瞬間に相手の足を蹴ったような形になった。ファールはファールだったが、それがイエローカードが出るほどのものかと思った。絶対に故意ではないし、特に激しいものでもなかった。ただ、レフェリーから見たら後ろから相手を引っ掛けたように見えたのかもしれない。

正直、ショックだった。

大事な試合で相手にPKを献上してしまった。さらにイエローカードが2枚目となり、累積警告でグループリーグ最終戦のブラジル戦が出場停止となってしまった。試合前は、できるだけカードはもらわないようにしようと思っていただけに、残念だった。

PKは、川口能活がスーパーセーブで止めてくれた。

ホッとしたが、いつまでも引きずっても仕方がない。残り時間、自分はチームのために何ができるか。そのために気持ちを切り替えてプレーした。

0‐0のまま試合は推移し、後半40分になった。

キャプテンとして、また大きな決断を下す時がやってきた。

オーストラリア戦での反省から頭をクリアにして、疲れている選手に声を掛けながら、どうするか決断しなければならなかった。

僕は、勝ち点1をキープしつつも勝ち点3を狙うべきだと思っていた。

負けたら最終戦を待たずして、終戦となってしまう。引き分けであれば、ブラジル戦は雌雄を決する戦いになる。だが、そこで勝利するのはかなり困難だ。クロアチアに勝てば最後のブラジル戦は、多少なりとも色々なプランを考えて戦うことができる。

僕らは、勝ち点3を取るべく、前掛かりになって攻めた。

気が付くと最終ラインは僕と佑二の二人だけになっていた。僕は、必死で後半にフクと交代したイナを呼び戻して、守備のケアをしていた。すべてを投げ打って白黒ハッキリさせるべきかといえば、まだそういう状況ではなかったからだ。

ロスタイムになると、佑二が前に上がっていった。

アジアカップのバーレーン戦の時に、佑二に前線に上がるように指示し、ロスタイムに同点ゴールを決めた。佑二の頭の中には、そのイメージがあったのだと思う。

それをこの土壇場で選手が自分で考え、過去の経験を生かして、なんとか勝利を掴み取ろうとしていた。

結果的に勝てなかったが、最後まで意志統一してプレーできていた。

最後のブラジル戦に出場できないのは残念だった。そして、もうひとつ、ワールドカップの舞台で、チームをひとつの方向に持っていけなかったことは、本当に悔いが残った。

後年思ったことだが、この時はみんなの意見を集約して、一致させようとばかりしていた。完全に調整型のキャプテンでいたわけだが、こうしてバラバラになりかけた危険な状態の時は、もっと自分の思うようにやれば良かったかなと反省した。

もっと強引に引っ張っていった方が、個性の強いチームにはフィットしたかもしれない。

フラット3との出会い

監督の戦術を100パーセント理解しておくのも、キャプテンに求められる責務だ。

特に、代表チームの場合はより重要になる。

代表は、みんなで一緒に過ごす時間が基本的に少ない。監督が選手に戦術を詳しく説明する時間がない時もあり、僕がより深く理解しておいて、「監督の考えていることはこうだから」と伝える作業が必要になってくる。

僕が、フラット3に初めて触れたのは1998年11月16日、U－21代表の合宿だった。ちょうど親善試合のアルゼンチン戦（23日）の前だったのを覚えている。その時、僕は戸田和幸と古賀正紘というメンバーで最終ラインを組まされた。

フラット3の定義に関しては、トルシエが詳しく説明してくれたので理解できた。

簡単に言えば、3人の息の合ったコンビネーションでボールの位置に合わせてDFラインを上げ下げする、ということだ。トルシエには「絶えずラインを上下動し続け、それを自然と身体が動くようになるまで消化しろ」と、かなりしつこく言われた。

だが、実際に「やれ」と言われると、なかなか簡単にはできない。

頭の中で理解していても身体が動かないというのはよくあることなのだが、できないと物凄い形相《ぎょうそう》で怒鳴られる。特に、古賀はトルシエの暴言の餌食《えじき》になって、精神的にもすごく追い詰められていた。

僕は、この合宿前、A代表のエジプト戦を直《じか》にスタジアムで見て、フラット3のイメージを頭の中にたたき込んでいた。この後に始まる五輪代表の合宿でも同じことをするだろうと思っていたからだ。実際に生で試合を見ていたので、どんな動きをすればいいのか、なんとなく把握していた。それがトルシエの説明と重なり、わりとスムーズにフラット3を実践することができた。

それでもトルシエからは「おまえは本当に男か」と、罵られた。「どういう意味なんだ」「何だ、それは」と、本当に腹も立ったが、次第になんで怒られているのか考えるようになった。

これだけ怒るというのは、何らかの意味やメッセージがあると思ったからだ。

実際、トルシエのジェスチャーを見ていると、もっとアグレッシブにやれと言っている感じがした。

そこである時、自分では「やり過ぎだろう」というぐらいのオーバーアクションでプレーした。すると「ビヤン・ジュエ（ナイスプレー）！」と、誉められた。その時、トルシエの求めているものが少し分かったような気がした。

監督の求めることを把握するのは、チームというグループの中で存在感のある選手として生きていくためには絶対に必要なことであり、キャプテンとしても監督の傾向と対策を知り選手にアドバイスしたりするには大事なことだと思う。

戸田や古賀には、練習で「こんな感じなんだ」と身体を使ってデモンストレーションして見せた。すると、3人の上下動がまとまってできるようになっていった。

のちに、僕は山本昌邦さんが監督になったアテネ五輪代表チームの合宿に、オーバーエイジ枠として参加したことがあった。

それは、経験を言葉で伝えてほしいということもあったが、一番の狙いは、例えば「ディフェンスの際、どんなステップを踏んでいるのか」など、実践的なデモンストレーションを見せることだった。それを若い五輪代表の選手に見せて、刺激を与えてほしいとのことで呼ばれたのだと思う。

プレーは身体を使って動いて見せた方が、言葉よりも何倍も明確に伝わるからだ。

完成の域に達しつつあったフラット3を急遽《きゅうきょ》、改良しないといけないという状況に追い込まれたのは、2002年日韓ワールドカップ、グループリーグ第2戦目のロシア戦だった。

その判断に至った原因は、初戦のベルギー戦での2点目の失点にあった。

日本は、先制されたものの鈴木隆行の同点ゴール、そして、イナの逆転ゴールで2－1とリードしていた。その状況で、僕は森岡隆三の代わりとして後半26分から出場したのだが、その4分後に同点とされてしまった。

セットプレーからのクリアで、相手MFが蹴った瞬間にラインを上げたのだが、2列目から飛び出した選手を捕まえ切れず、ゴールを決められてしまった。

その瞬間、内心青ざめた。

すぐにこれ以上点はやれないと思い、気持ちを切り替えたが、失点してしまった責任をしばらく感じながらプレーしていた。途中で自分がDFとして入った後の失点だったからだ。ヒデに「気にするな」と言われてハッとしたが、気分は最悪だった。

ベルギーは、かなり日本を研究しているなと思った。

ダイレクトに日本の背後にボールを蹴ってきて、ラインが上がっているところに2列目の選手が走ってきて、ラインを突破するという状況を何度も作ってきた。2点目の失点は、ラインの駆け引きをうまくできるMFにやられ、その後も執拗《しつよう》にフラット3の背後を狙ってきた。

結局、試合は2－2でドローとなったが、帰りの高速を走るバスの中でも、ホテルに戻ってベッドに入ってからも、ずっと失点のシーンについて考えていた。

日本が研究されている以上、ラインをやみくもに上げるだけでは戦えない。これから、どうするべきかと……。フラット3を改良すべきではないかというのは、なんとなく分かっていたのだが。

悩んだ自分の背中を押してくれたのは、イングランドの試合だった。

アルゼンチンとの試合で、ベッカムがPKで先制のゴールを決めたのだが、その後はアルゼンチンの猛攻を自陣のペナルティエリア内に立てこもり、必死に跳ね返していた。それを見て、ワールドカップで勝利するためには、イングランドでさえもこれだけ必死にならないといけないのかと思った。

それを見た後、こう思った。

リスクの伴う今までのやり方を貫くのか、自分たちの戦術にアレンジを加えてワールドカップの勝利を目指すのか。

その2つを天秤にかけて、僕は後者を選んだ。それほどワールドカップの勝利は重いものだった。

戦術は、チームの核でありベースとなるものであるから大事なものだと思う。

特にチームの立ち上がりの時は、非常に重要だ。だが、ある程度戦術が浸透し、かつ相手が自分たちを研究して戦ってきた場合、現場（ピッチ上）に一番合うやり方で対処すべきではないかと思う。その都度、マイナーチェンジしていかないと成長は見込めない。それに対して監督が何かを言ってきたら、その時、議論すればいい。

フラット3を改良する。

最終的に、その決断に至ったのは、なんとしてもロシアに勝ちたいという気持ちがあり、このやり方でやったら絶対に勝てるという確信に近いものがあったからだ。そこで、早速、ホテルの風呂で松田直樹や秋田豊さんに聞いてみた。

「相手が研究してきている以上、急激に押し上げることをしなくてもいいし、セーフティーに下がって対処することも必要だと思うけど、どうだろう」

みんな、ほぼ同じ意見で、翌日の前日練習で試そうということになった。

こうした方が良いのではなどと、別の意見が出てきたら難しい状況になったと思うが、考えていることは皆同じだった。誰もが勝ちたかったのだろう。

グループリーグ突破に向けて負けられなかったロシア戦は、稲本のゴールで完封勝利した。トルシエは「ラインを上げろ」と、試合中も、ハーフタイムでもしつこく言ってきたが、僕たちは「うん、うん」と頷《うなず》くだけで、自分たちの考えを曲げずに貫徹した。

それだけに、勝った時は、本当に嬉しかった。

ワールドカップという大舞台で、自分たちの考えで改良し、自分たちで判断して、ゲームを支配することができた。チームの成長と、自分たちの成長を感じられたことで、すごく満足することができた。勘違いしないでほしいのは、監督の採る戦術を尊重した上での行動だということだ。ベースとなるものに自分たちで改良した部分を持ち込み、その時点により合ったものを作り出せたのだ。

このロシア戦は、ワールドカップという試合の舞台といい、試合内容といい、自分のパフォーマンスといい、どれも最高で、僕にとって生涯忘れられないベストゲームとなった。

監督と選手のパイプ役になる

トルシエ監督の時、「フラット3」という戦術はなかなか理解しにくかったので、練習以外の時間でも個人的に監督と対話を重ね、それをDFの選手に伝えて理解してもらうように努力した。守備戦術は、チーム作りにおいて一番ベースとなり、重要な部分でもあるので、早く理解できることに越したことはなかったからだ。

クラブチームの場合は、日常的に顔を合わせ、時間的な余裕もあり、監督がしっかりと説明してくれるケースが多い。

ただ、若い選手には、理解できなかったり、監督とうまくコミュニケーションが取れずに悩んだりすることが多々ある。

そういう時は、キャプテンとして相談に乗ったり、若い選手と監督のパイプ役を務めて監督の考えを伝えたりするのも大事な仕事だと思う。

シドニー五輪代表の時、中村俊輔はポジションについてすごく悩んでいた。

俊輔は、横浜F・マリノスではトップ下のポジションであり、自分が一番生きるポジションだと信じていた。プライドもあったと思う。だからこそ、五輪代表でもトップ下のポジションにこだわった。

ところが、トルシエは、俊輔を左アウトサイドに置いた。

俊輔は、最初、「なんで、僕が」と、かなり落ち込んでいた。自分の本当のポジションで勝負できず、このまま不慣れな左アウトサイドで変なプレーをすれば、代表を外されたりする可能性もあったからだ。

暗い表情の俊輔に対して、僕は、トルシエが「名波浩を五輪チームの左アウトサイドに置きたいくらいだ」と言ったことを伝えて話をした。当時名波さんはA代表にいて、抜群の戦術眼と高い技術を持つ日本でトップレベルのレフティーだった。

「トルシエは、俊輔のトップ下を否定しているわけじゃない。サイドでボールをキープできる視野の広い選手を置きたいから俊輔を置いているんだ。本来なら名波さんを置きたいくらいだって言ってたからね。だから、自分の能力が足りないとか、そういうことではないので、落ち込んで悩む必要はないよ」

話をして納得するかしないかは、選手次第だ。

だが僕は、トルシエからの情報が少ない中で悩んでいるよりも、少しでも違う情報を伝えることで、わだかまりとか不満とかが解消されれば良いと思い、話をした。

俊輔は、結果的に、左アウトサイドで素晴らしい活躍をした。

不慣れなポジションでやりにくさもあったと思うが、やり切ったことで俊輔は何か大きなモノを得たと思う。

それは、その後の彼の活躍が証明している。

第3章 主将としてのこだわり

周りを気にしすぎる自分

自分のここが良くないなと思うところがある。

「周りを気にしすぎる」という点だ。

それは、ある意味、キャプテンをしたからなのかもしれない。

僕は、選手の意見を聞いて集約し、物事を決めていく、いわゆる調整型のキャプテンだった。その方が多くの人が納得でき、円滑に物事を進行できると思ったからだ。

ただ、その際、周囲の人の意見を聞き過ぎてしまったり、周囲の人の気持ちを考え過ぎてしまったりなど、バランスを取ることを考え過ぎてしまった。そのせいで、最後はまとまりがつかないまま、ミーティングが終わってしまったこともあった。

象徴的だったのが、ドイツワールドカップの時だった。

チームがバラバラになった時、もっと自分の気持ちと意見を前面に押し出して、リーダーシップを発揮しても良かったのではないかと反省した。

周囲に対して気を使うというのは大切なことかもしれないが、時には自分自身の気持ちに素直に行動するのも必要だと感じている。

怒りをどう乗り越えるか

僕は、「喜怒哀楽の表現に乏しい」と、よく言われる。

確かに、なにかに腹が立ったとしても自制するタイプだ。それは、基本的に感情を露《あら》わにすることが良いこととは思っていないからだ。

だが、一度だけ怒りで我を忘れてしまったことがあった。

2003年9月23日、万博競技場での東京ヴェルディ戦、ロスタイムに追い付かれて、2－2のドローにされてしまった。試合内容自体が腑甲斐《ふがい》ないこともあったが、前の神戸戦もロスタイムに追い付かれて2－2のドローにされ、勝ちを逃した。

それで、無性に腹が立った。

普通は、試合が終わるとスタジアムの中央からロッカールームに戻るのだが、ショートカットした。その時ファンから中指を立てられて、罵声を浴びせられて、さらにカッときた。ガンバの場合、ロッカールームに戻る前にクールダウンをするのだが、それすらする気になれず、そのままロッカールームに直行した。

すると、通常は開いているはずのロッカールームのドアが閉まっていた。「なんで閉まってるんだ」とムカついて、ドアを思い切り蹴って中に入った。そのままシャワー室に入った瞬間、足が滑って転んでしまったのだが、打ち所が悪かったせいか、左上腕に大きな裂傷を負ってしまったのだ。

慌ててドクターが来て、数針縫ってくれて手を吊して家に帰った。まだ、赤ん坊だった恒凜《こうりん》を抱けなくて、「俺は何しているのか」と情けなくなった。

怒りの感情というか、気持ちは大事だ。

問題は怒った時、それをどう乗り越えるかだ。

よく外国人選手が起用方法に怒ってユニフォームを脱いだり、スパイクを脱いだりして監督に抗議する姿勢を見せることがあるが、それは自殺行為になりかねない。腹の底から湧き出た怒りは、いったん口に含んでから徐々に吐き出していけばいい。時間が経過すれば、怒りの度数は低下していくからだ。

腕のケガのせいで、僕は、その後2試合も欠場してしまった。

それは自分の怒りを制御できなかったことへのペナルティだと思い、同時に「恐いことをしたな」とも思った。ひとつ間違って腕の筋が切れたり、断裂したりしたら大変なことになっていたかもしれないのだ。

そこから怒りとはうまく付き合っていかないといけないと思い、それ以降、頭に血が上りそうになったら「ちょっと待てよ」と一瞬、間を置いて考えるようにしている。

ちなみに、腕の傷は、今も生々しく残っている。

中学3年で務めた生徒会長

小さい頃からサッカー部のキャプテンをやってきたんでしょう、とよく言われるが、小学生の時は、普通の野球少年だった。

大阪人なのに巨人が大好きで、原辰徳選手の大ファンだった。ポジションはキャッチャー。本当はショートとかセンターとか目立つポジションをやりたかったが、肩が強くて身体が大きいという理由でキャッチャーをやらされていた。今となっては楽しかった思い出だ。

サッカーを始めたキッカケは、アルゼンチン代表でプレーするディエゴ・マラドーナを見たことだった。

小学校5年の時、メキシコワールドカップでドリブルするマラドーナを見て感動した。それからサッカーに夢中になった。

『キャプテン翼』を読むようになり、FWとしてドリブルして、ガンガン点を取っていた。今のプレースタイルとは、全然違うプレーをしていた。

キャプテンマークに殊《こと》のほか関心があって、学校でキャプテンマークを付けている子を見ては、「いいなぁ」と、羨《うらや》ましく思っていた。その頃から、キャプテンマークが大好きだったのではないかと思う。

念願のキャプテンマークを初めて自分の腕に巻けるようになったのは、大阪府富田林市の金剛中学2年になって新チームのキャプテンに選ばれた時だった。「ツネがいい」と、みんなが選んでくれたのだが、その時、キャプテンというポジションがすごくしっくりきて、「良いもんだな」と思った。

人はそれぞれモチベーションについて違いはあると思うが、僕の場合は、人から信頼されるということが大きい。その信頼に応えたいと思えること、仲間の信頼を得て、何かをやるというのはすごく気持ち良いことだ。

それを感じたのは、中学2年でキャプテンになった時だった。

中学3年の時には、生徒会長もやっていた。

なぜ、生徒会長をやったのかというと、人が物事を決めるのを見ているよりは自分が意見を言い、自分で何かを決めるプロセスに参加する方が楽しいと思ったからだ。自分の意見にみんながついてきてくれるにはどうしたら良いのだろうということを考えるのが楽しかった。名札の横につける生徒会長のバッジも格好良く感じていた。

その時は、推薦ではなく、自分で立候補して、選挙に出た。

今で言うマニフェストみたいなものを作り、僕は「学生服をなくす」という公約を掲げた。

生徒会長は、楽しかった。生徒会というグループの長として、先頭に立って色々な行事を進め、体育館の中で大勢の前で話をする。そういう経験を積み重ねてきたせいか、世代別の代表チームで色々なことを仕切ったり、キャプテンとして人前で話すことは、それほど苦にならなかった。今でもたまに緊張することはあるが、そういう経験が今の自分のベースになっているのは間違いない。

小学6年の時のある体験

鍵っ子だったことが、今の自分の性格に大きく影響しているのかもしれない。

小学生の頃、我が家は両親が共働きで、よく祖父の家に預けられた。家族揃って、家で食事をするのは週末だけだった。

その頃は、それが普通の家なのだろうと思っていた。

たまに友人の家に遊びに行くと、母親がいて、おやつを出してくれることがあった。おやつは嬉しかったが、母親がいていいなあとは思ったことはなかった。そういう環境に慣れていたのだろう。

両親には、良い意味でほったらかされていたと思う。

もちろん、寂しさを感じた時もあった。

でも、だからこそ、人に頼らずに自分で考え、自分で解決しなければという感覚が出来上がっていったのだと思う。それは、今の自分の生き方にも繋がっているが、一足早い精神的自立だったのではないか。

関連して思い出すのが、小学6年の時、ある体験をしたことだ。

今でもハッキリ覚えているのだが、朝、小学校のサッカークラブの練習に行こうと歩いていた時、歩いている自分を他のところから見ている自分の声を聞いた。

「宮本恒靖という少年は、サッカーが好きで一生懸命に打ち込み、上達している。だが、小6になって、中学受験を控えている。それを乗り越えないといけない」

最初は、正体の見えない声がどこから聞こえてくるのか不思議でならなかった。だが、次第にそのような自分を客観視するというか、自分という人間を自分の価値観から見て、判断すること、すなわち今の姿を整理するということが、すごく大事なのだと思えるようになった。というのも、そういうことができるようになってから、物事に熱中し過ぎて周囲が見えなくなったということがなくなったからだ。

本能のままプレーする、あるいは表情や言葉に勢いや激しさを乗せてプレーする選手がいる。だが、僕は、本能のままにプレーするということができない。おそらく、ガンバ大阪の遠藤保仁も同じようなタイプだと思うが、常に一歩引いて、全体を客観視してプレーしている。キャリアを重ねるごとに自然とそれができるようになり、それが自分のプレースタイルのウリになっていった。

だが、なぜ、そのような声が聞こえるようになったのかは、今も分からない。

キャプテンマークへのこだわり

昔からキャプテンマークには、こだわりがある。

中学2年で初めてキャプテンになった時は、自分でキャプテンマークをスポーツショップに買いに行った。アドミラル製のイタリア・カラーだった。アディダスでもなく、ディアドラでもなく、中学生にしては渋い選択だったような気がする。とにかくうれしくて、なんだか得意気に付けていたような気がする。

ガンバユースに入ってからは、アディダスのマークを使っていた。

ガンバ大阪でキャプテンになった時は、かなりこだわった。

ベルクロ式にしてもらい、背番号5とキャプテンという意味の字であるCという文字を入れてもらった。白、赤、黄、青の4色作ってもらい、ホームでは白、アウェーでは青に決めていた。

2009年、神戸でキャプテンをしていた時は、白ベースで「絆」という刺繍を入れてもらっていた。デザイン的には、けっこう気に入っていた。

代表では、シドニー五輪の本大会と日韓ワールドカップ、ドイツワールドカップの本番は、FIFAのオフィシャルのキャプテンマークがあった。ドイツワールドカップの時は、あまり好きなカラーではない黄色だった。シドニー五輪の最終予選の時はスパイクのラインと同じ赤で、日の丸入りのマークを作ってもらった。

ドイツワールドカップアジア予選の時は、ホーム用の白とアウェー用の赤の2つ。

アディダスのロゴが入っていて、その下に3本ラインが入ったシンプルなマークだった。基本的に、ユニフォームと同系色は、僕の好みではない。

キャプテンマークを付ける場所にもこだわりがある。

半袖の時は、上に付け過ぎると下のシャツが出てしまうため格好悪い。ちょうど袖と揃うぐらいのところに付けていた。長袖は、半袖ほど上ではなく、むしろ若干下めに付けていた。やはり見栄えも必要な要素のひとつだ。

僕にとっては、キャプテンマークを付ける瞬間が、戦う前の最後の儀式となる。

アップが終わり、ロッカーで汗をぬぐい、ユニフォームを着て、スパイクを履き、一番最後にキャプテンマークを左腕に巻く。その巻く瞬間を大事にしている。

巻く時、自分が入れた文字などが目に入る。それを見て、戦闘のスイッチを入れていく。気持ちがグッと高まって、「さぁ行くぞ」みたいな感じになる。すると、スッと集中していける。

本当に集中している時は、ここから周りの声があまり耳に入らなくなる。今までに一度だけ、周囲の声がまったく聞こえないほど、集中した時があった。

それは、2002年日韓ワールドカップ、第2戦のロシア戦前。ホールに集合した時からピッチに出て行って整列するまで何も聞こえなくなった。

大事なキャプテンマークだが、実は、一度だけ巻くのを忘れたことがある。

２００９年、第14節のアウェーの広島戦。ハーフタイムでロッカールームに戻り着替えて、「さぁ後半戦だ」と、勢いよくピッチに出て行った。始まってすぐ「あれ、忘れた！」と気が付いた。まずいなと思いスタッフに取ってきてもらおうとしたが、もう試合が始まっていたので、あきらめた。

試合内容が点を取り合う展開で、珍しく少し熱くなっていたせいもあるが、我ながら大事なものを忘れて驚いた。そのせいかどうか分からないが、試合は３－４で負けてしまった。

試合前のルーティーン

試合前は特別な儀式もなく、特にジンクスもない。

ただ、準備には一応流れがある。例えば、靴下は左足から、スパイクも左足から履く。ジンクスではないが、スパイクを右足から履くと、なんとなく気持ち悪い感じがする。

試合前のルーティーンというのは、選手にとって大事なものだと思う。

それをすることで精神的に落ち着くことができ、拠《よ》り所《どころ》にもなる。いつもと同じようにやれば、試合前は落ち着いていられる。試合でも、いつも通りの自分を出すことや、最低限のパフォーマンスを出すためのベースになる。やはり落ち着かないとメンタル的に影響して、自分のプレーにも微妙に影響することになる。

仕事でも何でもそうだろうが、本番に挑む前というのは、不安になったり、緊張したりする。その時、いかに自分をリラックスさせて、いつもの自分でいられるかが重要だ。

僕もテンションを上げつつも、できるだけ頭がクールでいられるように試合前のルーティーンをこなしている。

準備ができれば、あとは、ロッカールームで出陣の声を上げる。

その時、もし注意点など必要なことがあるなら一声かけるようにしている。

「相手はこう出てくるから注意していこう」という感じだ。そうして気合いを入れて、入場する選手が集まるホールに行く。

ホールに行ったら、誰とも話をしないで試合に集中する。

Ｊリーグであれば相手チームの知っている選手が挨拶してくるので握手をして、言葉をかわすこともあるが、代表での試合では一人で集中している。ＦＩＦＡのテーマ曲がかかり、気持ちがさらに高ぶる。レフェリーの後に付いてピッチに入場していく。その瞬間というのは、何回やっても新鮮で、気持ちを盛り上げてくれる。

コイントスという大仕事

ピッチに入場する時、チームの一番先頭で入っていくのがキャプテンだ。ファンの歓声がこだまし、良い緊張感が漂い、気持ちが高揚する。チームを引っ張っていく感があって、僕の好きな瞬間だ。

Jリーグや日本代表といった公式戦の選手入場の際には色々な声が聞こえてくる。「あぁ今日は盛り上がってるな」とか、色々感じながらピッチに入り、整列する。そこでは家族はもちろん、ファンの人々の顔、スタジアムの色々なものが見えたりもする。

集合写真を撮った後、キャプテンにはコイントスという仕事があるのだが、これも親善試合と公式戦ではかなり違う。何が違うのかというと、コイントスに賭ける気持ちが違う。公式戦で戦略的に特定のサイドを取りたいと思う時は、相手と握手する時から気合いの入り方が違うし、気持ちが高ぶる。絶対に、取ってやると思うからだ。

人生で一番、緊張したコイントスは、シドニー五輪最終予選のカザフスタン戦だった。

アウェーでの試合だったが、山本昌邦コーチの視察で日没間際は西日がきつくなることが分かっていた。だから、後半、目に入らないよう西日を背中に受けてプレーするには、前半は東サイドでプレーしなければならない。

山本コーチに、「意地でも前半は東サイドを取ってこい」と、言われた。

この時はかなり緊張した。投げられたコインがピッチに転がり落ちた後、自分の選んだ面が上を向いているのが見えてホッとした。勝つための条件をひとつクリアできたので、良いスタートが切れたなと思った。試合もヒデがミドルシュートを決めて勝利した。

ドイツワールドカップの最終予選、アウェーでのバーレーン戦での入場は、「絶対に負けられない」というプレッシャーが本当に大きかった。そういう絶対に負けられないというプレッシャーはワールドカップ本大会にはない。そういう意味では、ワールドカップ最終予選を戦う方が精神的には厳しいものがある。

最近は、予選は突破することが大前提、ワールドカップは出場できて当たり前と思われていることもあり、日本代表に対するサッカーファンや国民の期待はますます大きくなっている。

代表に選ばれて戦う以上、その期待にはいつも応えなければならないし、クラブで戦う時はサポーターの期待を裏切らないような結果とプレーを見せる必要があると思っている。

結局のところ自分たちは、プロ・サッカー選手だからだ。

プレッシャーを克服するためには

プレッシャーは、勝負事にはつきものだ。

僕も、そのプレッシャーのために悔しい思いをしたことが何回もある。

ガンバに入って2年目のシーズン、僕は開幕スタメンで試合に出場することができた。結果を出さないといけないというプレッシャーから緊張したが、初戦はまずまずのプレーができた。2戦目以降、「最初の関門を乗り越えた」と思い、少しプレッシャーから解放された気分で試合に出ていたが、徐々に結果を出せなくなった。

そして、ついに外国人選手に取って代わられた。

試合に出たことで満足してしまい、継続して自分にプレッシャーを掛け続けることができなかった。おそらく気持ちのどこかで安心してしまい、それがプレーにも出てしまったのだろう。

逆に、シドニー五輪の時は、隆三（森岡）が累積警告のために出場停止となり、グループリーグ最終戦のブラジル戦に出られることになった。ようやく出番が来た。けれども、「絶対に勝たなければ」というプレッシャーから力が入り過ぎてしまい、結局、自分らしいプレーができぬまま、試合にも敗れてしまった。

こうした経験があったおかげで、2002年の日韓ワールドカップの時は、ロシア戦でのスタメン出場の時も硬くならずに、プレッシャーを良い緊張感に変えてプレーすることができた。

では、プレッシャーを克服するには、どうしたら良いのか。

基本的には、緊張感のある試合を数多く経験していくことで免疫が出来てきて、徐々にさほどプレッシャーを感じることなく、試合に挑めるようになる。

できるだけ多くの試合に出ることや、緊張感のある大会に出場することなど、困難を乗り越えていかないと身につかないものだ。その中で得た経験という引き出しを「こんな状況の時は、こんな風に乗り切れたな」などと局面ごとにうまく使いこなせられれば、プレッシャーをさほど感じることなく、平常心でプレーすることができる。

僕も試合に出始めた頃は、経験がないことでプレッシャーに苛《さいな》まれ、「負けたらどうしよう」「いいプレーができなかったらどうしよう」などと、ネガティブに考えてプレーしてしまっていた。

しかし、途中から、マイナスなことばかりを考えていたらうまくいくはずのこともいかなくなると思い、「今日は良いプレーができる」という楽観的な気持ちで試合に臨むようにし、同時に試合中に起こりえることを予測することにした。

そうすることで余計な力が入らなくて済み、予測しておけば実際にそのことが試合中起こったとしてもうまく対応することができるからだ。この思考に切り替えてから、プレッシャーは徐々に緩和されていった。

プレッシャーは、外部から掛けられる場合もある。例えば代表チームでワールドカップ最終予選を戦う時に、メディアから「絶対に勝たないといけない」と煽られることなどがそうだ。

このような場合、僕は必要以上の情報を取り入れない。

例えば、ワールドカップ予選を戦っている間はスポーツ新聞を読まず、インターネットもほとんど見なかった。むしろ遠ざけていた。

外部の人たちは、勝手に色々言ってくるが、チーム内で起こっていることは中の人間にしか分からない。情報というものは、ネガティブなことはもちろん、良い情報であったとしても、それに触れてしまうことにより、気持ちが揺れたり不安になったりと、メンタルに多かれ少なかれ影響を与える。外部の情報に足を引っ張られるのであれば、遠ざけてしまった方が良い。

第4章 コミュニケーション力でチームをひとつにする

ジーコへの直談判

ジーコが監督の日本代表チームでは、話し合いが多くて、様々なシチュエーションでのコミュニケーションの取り方を学んだ。

僕は、2003年途中のキリンカップから代表の試合に出るようになり、コンフェデレーションズカップ・フランス大会でレギュラーを摑んだ。ただ、ジーコは、特にこれといった戦術を持っていなかったため、試合をこなしても、例えば守備の部分での約束事やボールの取り方がなかなか見えてこなかった。

そして2004年、ドイツワールドカップ予選が始まったのだが、1次予選のシンガポール戦は、最悪の出来だった。海外組は、試合2日前に集合し、コンディションは最悪。しかも暑さと湿気で後半は運動量がガタ落ちして、ドローも覚悟したほどだった。最後、藤田俊哉さんが決めてくれたので、なんとか2－1で勝てたが、今後の予選に大きな不安を残す試合になってしまった。

この試合が終わった後、ヒデは「このままじゃダメだ」と言っていたが、僕も同感だった。攻撃も守備も、それぞれは頑張っているが、連動性がない。初戦のオマーン戦でも苦戦していたこともあり、何かを変えなくてはいけないと思った。そこで監督と最低限、守備について話をしようと決めた。

あとは、話すタイミングだけだった。

ちょうどその頃イングランド遠征が行なわれ、この時であれば国内組と海外組が一緒に練習できることから、このタイミングがベストだと僕は思った。

イングランドでの練習が始まって2日目だったろうか、ジーコと話をした。

「今、チームには、ボールをどこで取りに行くのかという決めごとがない。ある程度、相手がボールを回してきたら、こう取りましょうというぐらいの確認ができる練習を遠征でしたいのですが」

ジーコは、「分かった」と、理解してくれた。

選手同士のコミュニケーションの取り方

ジーコの考えは、ブラジル代表に対するものと同じだった。

守備に関しては、簡単な決めごとさえ作れば良く、攻撃は個人が持っている能力を出せば良いというスタンスだった。

ブラジル代表のようにレベルの高いチームは、そのコンセプトで大丈夫だと思うが、日本人は国民気質として、自由を謳歌しにくい人種である。「自由にやれば」と言われたら、逆に「どうやって攻めるんですか」となる。実際、その時もそういう空気が流れていた。日本代表は、まだまだブラジル代表の域に達していない。

その翌日、提案したことを意識した練習が行なわれた。内容に関してはもっと違うシチュエーションを作ってもらえたら、この練習がより良くなるのにと感じるところもあったが、何よりも、監督が選手の声に耳を傾けてくれたという点が嬉しかった。

最初に取り組んだのは、ボールを奪うタイミングと場所だった。どこにボールが入ったらプレスを掛けて奪うか。

それがあやふやだと、「どこでボールを取ったらいいんだ」「分からない、分からない」となり、どんどん遅れていく。みんなが勝手に取りに行っても絶対にボールは取れない。だから、イングランド遠征の時から、選手同士で相当、話をした。

正直、そうするしか術《すべ》がなかった。

それも自主性を重んじるジーコのやり方なのかもしれないが、なにしろ守備戦術はゼロベースでのスタートなのだから、自分たちの考えで構築していかないとダメだった。

幸い、その後、キリンカップもあり同じメンバーで一緒にやれていたことで、ボールの取りどころなどの守備に関しては、僕たちDFの声を聞いてもらうという感じで形が見えてきた。僕たち最終ラインとボランチのところまでは、ほぼ意志統一はできていた。

この時、僕が気を付けていたのはコミュニケーションの取り方だった。

「こうだから、こうやれよ」とは、絶対に言わない。

どんな年齢であっても、まず相手をリスペクトすることから始める。しかも「こうやってくれ」と言うと、やるかやらないかだけになってしまい、考えないから成長できず、また頭ごなしに言われるとやはりカチンとくる。

だから、「こうした方がいいと思うんだけど、どう？」とか、常に相手に考える余地を与える話し方をしていた。

例えば、プレーしていて、あまり自分の思うところにカバーに来てくれずに、おかしいなと思った時、そのプレーが終わった後に「俺が前に行き過ぎていた？」と聞いたり、「もうちょっと俺としては前に行きたいからカバーしてくれたら、もっと前に行けるんだけど」と提案したりする。

選手がプレッシャーを掛けに行って、うまくボールを取れたら、「すごくいい」と誉めるし、逆にそこでボールが取れなくても「俺がそこでカバーに行くから今のタイミングでプレッシャー掛けに行ってもいいよ」と、フォローの言葉をかける。

お互いがどういうことをやるのかを理解していくには、目で得た情報だけじゃなく、コミュニケーションを取って理解していくことが必要。

特に代表では、その確認作業の連続となる。紅白戦はもちろん、試合中もおかしいと思ったらすぐに確認し、試合後も「どうだった？」と、確認する。

そうして、色々な不安を潰していく。

相手をリスペクトすると言ったが、それは、僕がコミュニケーションをする上での立脚点となっている。

サッカーというスポーツは、答えはひとつではない。だから、自分の考えが100パーセント正しいとは思っていない。色々な人の声を真摯《しんし》に聞くべきだと思っている。

新しい組織に飛び込んだ時には

コミュニケーションは、新しい組織に行くとさらに重要となる。

2009年1月、僕はレッドブル・ザルツブルクから神戸に移籍した。ザルツブルクに行く前は10年以上ガンバ大阪一筋でプレーしていたため、Jリーグ内での移籍は初めての経験だった。

どんなチームなのか、どんな選手がいるのか、よく分からない新しい組織の中に入っていくのだから自分からコミュニケーションを取らないと始まらない。

そこで、最初に始めたのが、「おはよう」という挨拶だった。

これは、オーストリアで学んだのだが、海外ではみんな朝会うと「おはよう」と言う。それは、相手をリスペクトしている証拠。存在を認めているから、しっかりと声をかける。

それに、「おはよう」ひとつで色々なことが分かる。若い選手に対して「おはよう」を言った後、どんな「おはよう」が返ってくるのか。

ようするに、その選手の心理状態が見えてくる。

「こいつ、まだ起きて時間経ってないなぁ」「こいつは準備してきてるなぁ」など、生活のパターンやサッカーへの取り組みが見えてくる。選手の状態を知ることは大事なことだ。

ガンバ大阪時代は、自分から「おはよう」と、声をかけることは少なかったように思う。

なぜなら、ガンバには宮本恒靖を知っている人が入ってくるわけだ。だから、自分から特別なアクションを起こす必要はなく、「おはよう」という言葉について深く考えていなかった。

だが、ガンバを出てザルツブルクを経て、神戸に行ったおかげで「あいさつ」の大切さが改めて分かり、選手たちとの新しい関係も生まれた。ひとつのチームでずっと頑張るのも素晴らしいことだと思うが、外に出たから分かることもある。その意味で、移籍により僕のサッカー人生はより奥深いものとなり、移籍という選択をして良かったと思っている。

若い選手とのコミュニケーション方法

2009年、僕が所属するヴィッセル神戸は、ブラジル人監督のカイオ・ジュニオールが指揮を執り、従来のカウンターからポゼッションサッカーへと移行しようということで新たにスタートした。

僕は、そこでキャプテンに選ばれた。

これは、ガンバでキャプテンになった時よりも、かなり難しいことだなと正直、思った。僕は神戸に入ってきたばかりで、選手の顔と名前もまだ分からない。

しかも監督も今年初めてJリーグを経験する。初めてづくしで、何から手をつけようかという感じだった。

そこで思ったのは、やっぱりこれまでの自分のやり方を貫くしかないということ。本当は、今までの神戸のチームとしての流れや在り方など、予備知識を与えてくれるような人に協力してもらえば良かったのかもしれないが、そういう情報を集める時間がなく、自分の経験を軸にやっていくしかなかった。

神戸に加入して最初に思ったのは、仲の良いチームだなということだった。

だが、強いチームになるには、仲良しだけではだめだ。

もちろん精神的に結びつく部分では大事だが、お互いの主張やプライドがないと、化学反応は起きにくい。それに、負けた時に切り替えるのは大事だが、それ以上に負けた原因をしっかり探ること。仲が良いからといって、なぁなぁにしないことが大事なことだと思う。

だが、神戸では、その当たり前のことをやるのに、少し苦労した。

チームには、若い選手が多い。だから、コミュニケーションを取るのも、気を使った。基本的には、あまり構えないように、内容的にも重たくならないように声をかける感じだ。

例えば、ユース登録の選手には、「練習ばっかり来てるけど、学校はどうしてるの？」などと声をかける。すると「いやぁ午前中は練習出て、午後から学校に行ってます」など、なごやかな感じで話が進む。

僕は、ユース登録の選手でも、18歳で高校を卒業したばかりの選手でも、その選手をリスペクトするようにしている。

良いものを持っていれば消さないようにうまく使う。若い選手は、頭ごなしに言うと萎《い》縮《しゅく》してしまうことが多いので、「こうした方が生きるんじゃないか」と、話をする。

すると、考える余裕を与えるだけでなく、相手も自分のことを考えて言ってくれているなと感じることができる。

ただ、ピッチ上では年齢に関係なく、自分の意見をはっきり言う。ピッチ上でよもやま話をするのは好きではない。ピッチはそういう話をするところではないと思っている。

練習中のアドバイスの仕方

練習では、相手のことを考えてコミュニケーションを取っている。

ある日、4対4の練習をしていた時だった。若いGKがボールを受けとり、すぐに味方に投げた。受けた味方が相手からプレッシャーを受けてボールを失った。

その時、GKにこう言った。

「ボールをキャッチして、攻撃の意識を持ってすぐにボールを出してあげるのはいいことだし、いいアイデアだと思う。ただ、4対4で動き回ってしんどい状況で、しかもゴロではなく、ワンバウンドのボールを受けた時、トラップが乱れて相手に奪われた。それが本当にベストの判断だったかどうかは考えないといけない」

次からそのGKは、状況を判断して味方のことを考えてボールを出すようになった。

こうして練習中も、言い方ひとつで選手は伸びる。全部を否定するのではなく、良い部分を認めてあげつつ、自分の経験上もっとこうしたら良いということを伝えることがポイントではないか。

このような例もあった。

神戸に松岡亮輔という選手がいる。

若くて能力もあるのだが、ボールを中盤で受けてからサイドチェンジしたい時、少し時間がかかってからボールを蹴っていた。だから、ガンバの遠藤保仁を例に出し、「あいつは身体を逆サイドに開き気味にしながら、ワンステップで蹴れるところにボールを置く。そこに止めたら蹴れる技術はあるんだから気を付けてみれば」と、アドバイスした。ここで大事なのは、遠藤という見本になれる選手を例に出したことだ。

遠藤は、技術レベルの高い選手であり、僕と一緒にプレーしていたのだから「彼はこんなことをしていた」ということを言えば説得力もある。「じゃあ、やってみよう」となる。アドバイスした通りのプレーをして、良いボールを蹴った場合も、すぐには誉めず、ロッカーに戻ってから誉める。

「あのワンプレー、こないだ言ってたやつだろ？　ちゃんと意識してたな」

「そうです。ありがとうございます」

こういうことの積み重ねで選手は自信をつけ、うまくなっていく。

キャプテンは、常に若い選手に「見てるよ」と意識させることも大事だと思う。その方が何か一言アドバイスする時、しっかり受け止めてくれる。若い選手は見られているという安心感がある方が良いプレーをするのではないだろうか。

年上選手との接し方

当たり前だが、チームの選手たちの年齢層は、本当に幅広い。

ガンバ大阪で初めてキャプテンになった当時、僕は23歳であり、当然ベテランの選手もいた。

しかし、僕は一度、ピッチに入れば年齢は関係ないと割り切っていた。プロである以上、遠慮や妥協をしていたら絶対に良くないし、それでは試合には勝てない。試合中、何々さん、お願いします、なんて言っていたらプレーが終わってしまう。

だから、ピッチ上では勝つことに徹して、僕は、1年目から先輩に遠慮せず、指示を臆することなく出していた。その結果、最初からチーム内では「あいつはそういう選手だから」と見られることになり、結果的には色々言ってもさほど問題にはならなくなった。

ガンバ時代、岡中勇人さん（現日本文理大学サッカー部監督）とは、幾度となく意見を戦わせた。岡中さんは、GKで、当時32歳だった。

僕が最終ラインに入る時は、かなりラインを高くして守っていた。そのため、自分を含めたディフェンスラインと岡中さんの間には大きなスペースができるわけだが、そのスペースを使われると危険なので、岡中さんは「もうちょい下がって守備してくれ」と主張していた。だから、ラインの高さが、よく議論の争点になった。

その際、僕が気を付けていたことは、まずは相手の話を聞くということだ。

基本的に、自分よりも経験のある年上の人の考えは尊重する。その上で相手が何を考えているのか、その考えは自分のアイデアと近いのか、離れているのか。そういう情報を得られれば、衝突という最悪の事態は回避できる。

最初の頃は、岡中さんが僕に指示を出したことをしっかり守って、それに応えるようなプレーをしていた。そうすることで、まず自分に対しての信頼感を得られる。そして、試合に出続けていくうちに、徐々に僕も岡中さんに指示や要求を出していく。

そのように信頼関係を築きながらプレーをしていくものの、やはり100パーセントお互いに納得いくわけではない。最終的には、試合をやりつつ微調整していくことになる。端から見れば遠回りなやり方かもしれないが、そういう作業を地道に続けていかないと結果は出ない。

中には、年下の選手に指示されるのを嫌う選手もいる。

山口貴之さん（現ヤス・サッカースクール所属）は、ヴェルディ川崎からヴィッセル神戸などを経てガンバ大阪に移籍してきた選手だ。三浦知良さん、ラモス瑠偉さんと一緒にやってきた、技術のある選手で、プライドがとても高い人だった。

ある試合で、山口さんが相手のDFを背負って苦しい場面があった。その時、左にはスペースが空いていたので、見えてないなら教えた方がいいと思いコーチングした。そうしたら「うるせぇんだよ」と、キレられたことがあった。僕みたいな年下に、あれこれコーチングされるのが嫌だったのだろう。

逆に、当時のＦＷ松波正信さん（現ガンバ大阪コーチ）は、しっかりと僕の言葉を聞いてくれた。

例えば、攻撃の選手が前からもっと相手を追い、ボールを奪って、早く攻めたいと思ったとする。とはいえ、場合によってはあまり前からプレッシャーを掛け過ぎても後の守備の態勢が整ってないためプレスが掛かりにくく、最終的にはＤＦに皺寄《しわよ》せがくる。そういう時は「もうちょい下がって、全体の守備網のラインが整えられる状態になってからプレスを掛けてくれませんか」とお願いした。松波さんはそれを理解してくれて、チーム全体のバランスを見ながらプレーしてくれた。そういう姿勢は、本当にありがたかった。

選手の中には、精神的に控えめで目上の選手に意見を言えない人や、色々言われるとヘコむ人もいる。だが、僕はそんなことは気にしないようにしている。試合中に言うべきことを言わずに負けたら、それこそすごく後悔する。僕は、プロである以上、どんな試合も勝ちたいと思っている。

負けたくないなら、自分がこう思うと感じたことはどんどん言うべきだと思う。一時の間、感情的に対立して険悪になっても、それはチームのためであり、結果を出せば良いわけであり、勝ち続けていけば、感情面のしこりは自然と解消されていくのがチームだからだ。

神戸での焼肉ミーティング

2009年、神戸では、色々と難しいことにも直面した。

チームを改革しようと新しいサッカーにトライし、僕をキャプテンに選んでくれたカイオ・ジュニオール監督は、中東・カタールのクラブからオファーが届き、6月末で辞めてしまった。その後、和田昌裕チーム統括本部長が監督となり、8月から三浦俊也さんが監督となった。最終的には残留争いに巻き込まれて行くことになるのだが、チームは監督問題の影響をもろに受けることになった。

一番、厳しく感じたのは、29節アウェーの山形戦に負けた後だった。

残留争い同士で、絶対に勝たなければならない試合だったが、0－1で負けた。ロッカールームでは、コーチが何気なく言った一言に対して、選手が「何がですか？」と言い合ったりして、かなり雰囲気が悪くなった。

これは話し合う必要があると思い、山形空港に向かうバスの中で「ミーティングしたいけど、どうかな？」と吉田孝行に聞いたが良い反応がなかった。

試合後の移動で神戸に着く時間も遅い。だが、チームは煮詰まっている。タイミングを迷ったが、僕は、やるのは難しいと思う時だからこそやろうと思い、声をかけた。

夜の10時半ぐらいに神戸に着き、11時ぐらいからみんなで焼肉を食べた。

ミーティングという堅苦しいものではなく、「みんな腹割って話しよう」と、問い掛けた。みんなお互いに「何を考えているんだろう」と悶々とするよりも、それぞれが考えていることを吐き出してしまった方が良いからだ。

練習場で言えば良いという考えもあるが、若い選手は話をするのに慣れてないこともあり、こちら側から引き出してあげないといけない。

すると、みんな、思っていることを話してくれた。

このミーティングで何かが劇的に変わったとは思わないが、胸の内にたまったものを吐き出し、気持ちの部分でスッキリできたと思う。だから、やっぱりやって良かった、苦しい時はミーティングをやった方が良いと改めて感じた。

このミーティング後の新潟戦は1－0でしっかり勝った。

みんな、気持ちが入ったすごく良いプレーをしていたのを覚えている。深夜のミーティングの効果が、少しはあったのかもしれない。

負けることが普通になる恐怖

２００９年の神戸での残留争いは、初めての経験であり、思った以上に辛かった。

特に、僕が辛く感じたのは残留争いそのものよりも、負けることが普通になっていくこと。そういう空気がチーム内に蔓延していくこと。それは、まったく理解できず、納得もできなかった。

ガンバの時は、負けに対する嫌悪感があり、「どこが相手でも勝つしかない」という意識でプレーしていた。それが今の神戸にはまだない。

それは言葉で言うのは難しく、一回、優勝など良い思いをしないと実感できないことなのかもしれない。だが、僕たちはプロであり、最低限、負けるのがイヤだということを、みんな、プレーの中で出していかないと、いつまで経っても変わらない。

そこはキャプテンとして、どうしたらいいのかなと、かなり考えた。

終盤戦では「やらなければ」というプレッシャーと、結果が出ないという苛立ちと、自分はチームにどんな貢献ができるのかということなど、本当に悩みが多かった。

自分のサッカー人生の中でもかなり深刻な時期だったと思う。

どうしたら勝つことが当たり前になっていくのか。

それは、本当に難しい問題だった。ガンバやザルツブルクの選手であれば「今日も勝つぞ」という気持ちでスタートするのだが、神戸は「今日は勝てるかな」という感じでスタートする。どこかで自分たちの力を信じ切れていない。そこが一番の問題ではないかと思った。

では、単純に勝てばいいかといえば、それだけではダメだ。

結果に一喜一憂するのではなく、勝った後の次の試合こそが重要だという意識を持って、同じように質の高いプレーをすることが必要だと思う。

これを浸透させていくには、選手個々の意識が重要になってくる。チームとしての方向性や継続性も大事だが、やはり選手が意識を変えていかなければいけない。選手の能力だけを見ると下位にいるようなチームではないからだ。

だから、これからも口を開いて、色々なことを言っていこうと思っている。

2009年は、まだ1年目なので遠慮していた面もあり、今年はキャプテンではないが、意識改革は言い続けないと変わらない。

どれだけ口うるさい役割ができるか分からないが、しっかりやって少しでもチームが強くなるために、自分ができることをやっていきたいと思っている。

キャプテンなのに、ポジションがない

神戸では残留争いに苦しんだことが大きな悩みだったが、ガンバ時代にも悩んだことはあった。

2004年、僕はガンバ大阪でキャプテンとなった。それは、2000年に立候補した時とは違い、西野朗監督に指名されて、やることになった。

だが、その年は日本代表の活動でかなり忙しかった。ドイツワールドカップ予選も始まり、中国でのアジアカップもあった。アジアカップでは、なんとか2連覇を達成し、気持ち良く帰国することができた。

だが、ガンバに戻ると自分のポジションがなかった。

実はアジアカップ前、6月11日に虫垂炎《ちゅうすいえん》の手術をして復帰したのが7月3日のオールスター戦だった。その間、僕が抜けたリベロの穴を埋めたのが、シジクレイだった。シジクレイと山口智、實好礼忠の3バックは機能し、チームは勝ち続け、かなり良い雰囲気とな

っていた。その流れのまま、アジアカップ後、セカンドステージの初戦・名古屋戦を迎えたのだが、僕はサブだった。

もちろん疑問はあった。

代表では、厳しい戦いを乗り越えて優勝して帰ってきた。その経験はガンバという優勝未経験のチームに大きな力になると思っていたからだ。しかも、自分のパフォーマンスは、何の問題もなかった。だからこそ、アジアカップ前のチームの良い流れがあるにせよ、合流して、そのままいけると自分では思っていた。

だが、西野監督の考えは違った。

「今はチームの流れがすごくいい。これまでやってきた練習の成果が出ているし、選手の頑張りを評価して、このままのメンバーでやりたい」

そのように監督に言われても、納得はできなかった。

しかし、キャプテンである以上、何かゴチャゴチャ言ってチームに波風を立てるのも嫌であり、置かれている状況で全力を尽くすしかなかった。

だが、それは想像以上に辛いことであり、悲しくもあった。

自分は代表のキャプテンとして試合に出ていて、パフォーマンスも悪くない。ケガをしているわけでもない。

にもかかわらず水曜日に代表の試合がありプレーしてチームに帰ると、週末の試合には出られない。たまに出場機会を与えられたとしても、名古屋戦で16分、続く鹿島戦では8分程度、しかもポジションは本職ではないボランチだった。

僕はディフェンスの選手であり、リベロのポジションにプライドも持っていた。

その頃は、西野監督が何を考えているのか、全然分からなかった。

このままの状態が続くのであれば環境を変えなければならないかもと考えることはあった。

ただ、その頃はチームの成績も良く、キャプテンという立場を考えても、チームのためにやれることをやろうという風に切り替えた。さらに、監督の立場からすると、シジクレイをリベロに起用する選択もあるかもしれないと思ったりもした。

9月までは、ボランチでの途中出場が続いた。

10月に入り、ボランチでのスタメン出場となった。少しずつだが、状況に変化が見られた。自分自身は、その状況に満足していなかったが、キャプテンとしてチームの勝利が第一であり、自分のことで無理を言うのはやめようと思った。

今まで、出場機会を失い、モチベーションを落として消えていった選手を何人も見てきていた。そのような選手には絶対になりたくないということもあり、なんとか我慢して準備だけは怠らなかった。

ただ、あの頃の僕には、代表の試合という出場機会があったことで、救われていた部分がある。これで代表でもチームでも出番がないということであれば、いくら我慢強い僕であったとしても、本気で移籍を考えていたと思う。

結局のところ、ボランチでは自分の思い描くプレーができなかった。

リベロとはまったく違うことが多く、求められているものも違う。自分の中では精一杯やったが、納得のいかない部分が多かった。それでも試合に出る限りはベストを尽くそうと思っていた。

シーズンの終わり頃、僕は今後のことが不安だったため、西野監督に話す機会を作ってもらった。

「今年はこんな状況で、来年はどうなるんですか」

すると西野監督は、「誰に対しても必ず試合に出られるということは言えない。ただ、来年は本来のポジションで勝負してもらうことになる」と、言ってくれた。

正直なところ、ホッとした。

「来年もボランチだ」と言われたら、どうしようかと思っていたからだ。やはり、自分の中だけに悩みを抱えていても何も解決しない。監督が外国人ならまだしも日本人同士だと腹の探り合いとなり、なかなか話がしづらいこともあると思う。だが、答えが見えないことに延々と悩むより、監督にきちんと思いを伝えて、監督の考えを聞いた方が精神的には良い。

大抵、話す前の不安は、話した後、すっかり消えていることが多い。

自分の力で定位置を手繰り寄せる

僕は、2005年にも、ガンバで一時的にレギュラーを失った。

7月末から8月初旬にかけて代表チームが参加する東アジア選手権が韓国で開催されたのだが、大会終了後のリーグ戦、アルビレックス新潟戦ではスタメンから外された。リベロのポジションには、シジクレイが入っていた。

最終予選が終わり、無事ドイツワールドカップ行きも決めた。さぁ次はチームで頑張ろうという時にベンチだった。

西野監督からは「今までの流れを」と言われたが、納得できない。監督からも「別に納得しないまま、はいと答えなくてもいい」と言われた。

その新潟戦、ガンバは2-4で負けた。

チームが勝てないことで他の選手にチャンスが巡ってくることは、スポーツの世界ではよくあることだ。この時の僕もそうだった。チームにとって敗戦はすごく痛いが、自分としては巡ってきたチャンスをものにすることに集中する他ない。

そうなると、次のジュビロ磐田戦は、絶対に負けるわけにはいかなかった。

監督は、シジクレイを右センターバック、山口智を左センターバックに入れ、僕をリベロに戻した。新しい3バックで挑んだのだが、先制点を奪われるなどかなり苦戦した。それでも3点を取り、勝った。

結果的にこの試合は、僕のターニングポイントとなった。勝てたことで監督の信頼を得て、シーズンが終わるまでこのディフェンスメンバーで戦い、最終的にはJリーグでガンバは初優勝することとなる。

誰でも調子を落としたり、チーム事情で試合に出られない、レギュラーを外されたりすることはある。

だが、僕が思うのは、そういう時こそ辛いが練習から自分のやれることをしっかりやっていれば、またチャンスはやってくる、ということだ。その時に自分の価値を証明すれば良い。

だから、我慢して、その時を待つこと。

起用方法に不満をもらしたり、そういう態度を取っても何のプラスにもならない。それは、会社でもどこでも同じだろう。

組織の中で上司に反旗を翻せば、それなりの制裁を受けることになる。もし、納得できない部分があるのであれば、誰かに文句を言ったり、愚痴ったりするのではなく、直接、上司と話をすればいい。そういうコミュニケーションを取り、状況を把握して、気持ちが落ち着いたら、あとは準備をしてチャンスを待とう。

準備している人間には、必ずその時がやってくる。

第5章 海外で学んだ、欧州のキャプテン像

初めての海外移籍

僕がガンバ大阪からオーストリア1部リーグのレッドブル・ザルツブルクに移籍したのは2007年1月のことだった。

移籍自体が初めてであり、しかも海外移籍だったため、どんなものだろうと思っていたが、特に不安はなかった。

ただ、言葉はすごく大事だと思っていた。

ガンバにいた時にも、一生懸命に日本語を話そうとしたり、馴染もうと努力する外国人選手の方が、母国語しか話さない選手よりもチームの一員になるのが早かった。そういう様子を見てきていたこともあり、チームに早く馴染むには、言葉を早く覚える必要があると思っていた。

語学は、もともと好きだった。

英語はわりと得意な方で、フランス語も少しかじっていた。

ドイツ語は初めてだったが、まったく知らない言葉を29歳の自分がどれだけ勉強して身に付くものかなという興味もあった。日本からフランクフルトに行く飛行機の中では、買ったばかりのドイツ語の本をずっと読んでいた。「そうか、こうして数字を読んでいくんだ」と、まずは数字を覚えて、オーストリアに行った。

現地では、週2回、先生の家に行って勉強する機会を設けた。困ったのは、説明が英語であったこと。細かなニュアンスが掴みにくかったが、英語の勉強にもなる、と気にしないようにした。

さすがにドイツ語は、簡単には習得できなかったが、勉強自体は面白かった。ドイツワールドカップの時は、ドイツ語などさっぱり耳に入ってこなかったが、いざドイツ語圏で暮らしていくとなると、必死なこともあって耳に止まるようになった。

覚えたてのドイツ語でチームメイトと会話して通じた時は、やはり嬉しい。

ロッカールームではもちろん、練習でもできるだけ自分から話しかけていた。そうやっていくうちに耳が慣れてきて、3ヵ月ぐらいで基本的な日常会話はできるようになった。

プレーする上で、指示を出すのは基本的にドイツ語だった。

そのため、プレー中に使う基本的な言葉、例えば、「ラインを上げろ」などは、早く覚えた。ただ、細かい指示となると、なかなかうまく言えない難しさがあった。ほんの少しのポジションの修正やボランチの選手に対する細かい指示などは、なかなかパッと言葉が出てこない。

しかも、ボランチにはカルボーニというアルゼンチンの選手、センターバックにはウガンダ代表のセカギヤ、チリ代表のバルガス、元スイス代表マイヤーなど様々な国籍の選手がいるため、通常はドイツ語であるが、面倒臭い場合は英語でやりとりすることもあった。日本語が通じる左サイドバックのアレックスに、間違ってドイツ語で指示を出したこともあった。混乱していたのだろう。

入団当時、言葉が微妙な自分がラッキーだなと思ったのは、チームが強かったこと。優勝を狙える強いチームで、それほど攻め込まれることがなかった。だから、90分間ずっと細かく指示を出さないといけないということがなかったので、センターバックとしてわりと落ち着いてプレーできていたと思う。

誕生パーティーで打ち解ける

初めてチームに合流した時も、特に緊張感はなかった。

スポーツディレクター（強化部長）からウインターブレイク中に獲得した日本の選手で、こういう経歴だと紹介された。

欧州から来た選手ではなく、日本というアジアの遠い国から来たこともあり、「どれくらいできるんだ」という感じでは見られていたと思う。だが、どこの馬の骨か分からないという感じではなかった。

最初に「ミヤモトです」とあいさつをした時、「誰だ、こいつは?」という空気もなく、やはりワールドカップに出た選手ということで、ちょっとしたリスペクトがあるのを感じた。欧州でもワールドカップに出たという経歴は、すごく大きいのだなと思った。

さらに年齢も29歳、チームでも上の方だったということもあったかもしれない。

チームには、色々なやり方で馴染んでいった。

ドバイで最初の合宿が終わり、ザルツブルクに戻ってきた時、ちょうど誕生日が間近だった。スタッフからオーストリアやドイツでは、誕生日のパーティーは自分で開くものだということを聞いていたので、さっそく2月7日にスタジアム内にあるブルズコーナーというレストランの一角を貸し切り、軽食を用意して、みんなに振る舞った。

ただみんなで集まって食事をして話すだけだが、自分に「おめでとう」と声をかけてくれるわけだから、それだけでもたくさんの選手やスタッフと話をすることができる。

まだまだ、〝お客さん〟の僕にとっては、すごく有意義な時間だった。

このことだけで完全にチームに馴染むわけではないが、自分を知ってもらうひとつの方法としては良い機会だった。良いタイミングで誕生日があり、ラッキーだった。

ムリに自分を理解してもらおうと思わない

最初のドバイでの合宿では、18歳の新人選手のような勢いで張り切ってプレーしていた。やはり「どの程度やれるのか」という目で見られるのは分かっていたからだ。選手としてプレーで認められるには、頑張って良いところを見せる必要があった。ディフェンスは、FWのようにボールが回ってこないと何もできないポジションではないので、アピールするチャンスはたくさんあった。練習試合でパスカットやインターセプトをしたり、ロングボールを一発入れたり。「こいつはこういうプレーができる」ということを理解してもらうのが大事だと思っていたので、自分の持ち味を出すことを意識してプレーしていた。

ただ、初めての移籍で、「良いプレーを見せなければ」という意識が強過ぎた部分もある。監督にアピールしようと、空回りしていた部分もあった。

本当に自分のことを理解してもらったり、お互いを理解するには時間がかかる。だから、これは今だから分かることだが、そこまで気を張って頑張らなくても良かったかなと思う。それは、神戸に移籍してきた時にも、改めて思った。

僕と一緒にアラン・バイーアというブラジル人選手も入ってきた。

その選手は、初めての移籍だったらしく、一生懸命に日本語を勉強してチームに溶け込もうとしていた。だが、もう一人の新加入のマルセウという選手は、韓国でプレーしていた経験があるせいか、自分のペースを守ってプレーし、必要以上に、みんなのところに来て自分を知ってもらおうと話をすることもない。それぞれにコミュニケーションのとり方があるけれど、アラン・バイーアとは正反対だった。

チームに馴染むためには、様々なやり方があると思うが、変に自分を分かってもらおうと焦って自分のペースを乱したり、パフォーマンスが落ちるまで気を使う必要はないと思う。

慣れという観点で言えば、ザルツブルクに移籍したのが1月、5月中旬に最初のシーズンが終わったが、そのくらいの期間は必要だった。

サッカーは世界共通などと言われるが、そんなに簡単なものではない。現地での生活や国のサッカーのスタイルから始まり、ホームスタジアムの人工芝、長時間のバス移動、チームのスタイル等々、そういう新たな環境に慣れて、自分のプレーを発揮するには、それなりの時間がかかるということだ。

欧州の練習の厳しさ

ザルツブルクで最初に感じたのは、サッカーの質の違いだった。

欧州のサッカーは、本当にヘビーだなと思った。

ボールを使ったゲーム方式の練習は、試合並みに激しい。これは少し予想外というか、そこまでイメージし切れていなかった。

特に、球際の激しさなどは、日本の紅白戦とはまったく違う。代表チームでの対戦を通して感じていた球際の激しさとも違う。平気で削りにくることや、ハードなタックルも当たり前だった。まさに欧州の中で、生き抜くための必死さが伝わってくるような激しさだった。

日本代表としての海外遠征や日本国内での国際試合を通して、海外のチームとの対戦には慣れていたと思っていたが、自分が外国のチームの中に入り、その一員としてプレーするのは、また全然違った。練習から外国人のサッカーとなり、パワーもスピードも体格も違うので、すごく負荷がかかる。最初は、連日、国際試合を戦っている感じで、かなり疲れた。

これは、ある意味、衝撃的だった。

こういうことを味わった後は、日本代表の中で感じていた国際試合の激しさとは、いったい何だったのだろうと思いもした。

欧州ならではのファン気質

欧州と日本のクラブでは、様々な面で違いがある。

空港でのチェックインは各自で行ない、荷物も自分で運ぶ。

代表でもガンバでも遠征に行けばスタッフが荷物を運んでくれたが、オーストリアではすべて個人に任される。

オーストリア国内は、基本的にバス移動だ。新幹線のような鉄道もあるが、バスは大きくて乗り心地が良いので、楽だった。だから、バスで4、5時間は平気で移動する。その間、寝たり、音楽を聞いたり、本を読んだりと、みんなリラックスして過ごしている。

試合前のアップも時間が短い。例えば、午後7時キックオフの場合、日本だと6時15分ぐらいにはスタートするが、ザルツブルクでは6時30分くらいに、外に出て軽くこなすという感じだった。僕は物足りなかったこともあり、日本と同じぐらいの時間から自分で少しアップしてからチームのアップに出ていくようにしていた。

練習前でもまったくストレッチなどをせず、いきなり練習に出る選手が多く、最初はダラーンと座って話しながら集まり、「はい、練習」という感じで始まる。テンションが低過ぎて「大丈夫かな」と思う時さえある。しかし、練習中、8対8のゲーム形式の練習で勝ち負けがつくようになると、彼らの集中力はすさまじく高くなる。ここぞという時のパワーの出方が違うのだ。日本の選手は80パーセントの力で練習を2時間近くこなせるが、欧州の選手は50パーセントの力と、120パーセントの力を使い分けるのがうまい。

そして練習が終わると特にストレッチもランニングもせず、そのままロッカールームに戻ってさっさと帰る選手もいる。頑丈に出来ているなと思っていたが、僕は準備もアフターケアもしないと気持ち悪いので、しっかりやっていた。そうすると、少しずつ一緒にやる選手が増えていったのは嬉しかった。

サポーターの選手に対する接し方や考え方も新鮮だった。

ザルツブルクでは、ホームの場合、試合前日に自分の車でスタジアムへ行き、そこで練習する。練習が終わると、みんなでバスに乗り込んでホテルに行き、宿泊する。試合後は、みんなでスタジアム内にあるスカイラウンジ（VIPエリア）に立ち寄って、それぞれの家族や友人と軽く食事をして、そのまま自分の車で自宅に帰る。

日本の場合、スタジアムから自分の車で帰るというのは、なかなか難しい。目当ての選手の車が出ていくのを待っているファンがいるからだ。

なんだか芸能人の出待ちみたいな感じではあるが、実際、日本の場合、サッカー選手はなんとなく芸能人のような扱いを受けている。

だが、オーストリアやドイツの場合、キャーキャー騒がれるサッカー選手は、ドイツ代表のミヒャエル・バラックなどほんの一握りのスーパースターだけで、彼らレベルでないとスター扱いされない。

ザルツブルクの街を歩いていると、日本人の僕でも声をかけられたりしたが、そこまで特別な存在ではない。現地の人々は、誰か特定の選手を応援するというよりも、自分の生まれ育った街のチームを応援するためにスタジアムに行くというスタンスなのだ。

だから、仮にレッドブル・ザルツブルクで活躍している選手がいたとして、サポーターから盛大に応援されていても、別のチームに移籍するとなったら「はい、サヨナラ」と、選手に対してはドライな対応をする。

その選手がオーストリアリーグの別のチームである、インスブルックに入ったからといって、その選手を追い掛けて、今度はインスブルックを応援することはまずない。日本の場合、選手のファンとなり、その選手が移籍したら応援するチームも変わることがよくあるのとはずいぶん違う。

ザルツブルクでは多くのファンが毎試合、スタジアムに来てくれた。特定の選手ではなく試合を見に来てくれているからこそ応援も必死だし、みんなが監督になった気分でワーワー言っている。しかも、ファンも小学校前の子供から白髪の老人まで年齢層が幅広く、盛り上がる時に一緒になっている。その熱さが、欧州サッカーの盛り上がりの源にもなっている気がした。

欧州と日本の代表チームの位置づけの違い

代表チームのあり方も日本とは違った。

オーストリアやドイツでも代表チームは応援するが、基本的には自分の街のチームの方が、はるかに重要視される。

だが、代表選手を巡る論争は、日本以上に活発だった。

誰が入るべきか、どんな選手が代表には必要なのか。そういう議論は当たり前であり、やはり結果が出ないと厳しく叩かれる。それはメディアからだけではなく、一般のファンの人からも同じようにある。むしろ、ファンの人たちの方がより厳しかったりする。

それからポッと出た新人選手や、たまに活躍した新しい選手を代表に招集することはほとんどない。

世論が「この選手は必要だ」となっても、タイミングを見計らいつつ、慎重に決めるので、代表という存在に重みがある。

僕は、それは大事なことだと思う。

簡単に入れたら代表チームは誰でも入れるのか？　という存在となってしまう。門戸は常に開けておくべきだが、代表にはやはりある種のステイタスがあるべきだと思う。さもないと、そこを目指して頑張ろうという気にはならないからだ。

日本との一番の違いを感じたのは、監督と選手のコミュニケーションの取り方だ。

これは代表だけでなく、クラブチームにおいてもかなり違うなと感じた。

欧州では、代表監督が選手にストレートに電話をして、「今、コンディションはどうだ」

「ケガの様子はどうだ」など、直接コミュニケーションを取る場合が多い。招集しない選手には、個別にきちんと説明して、理解してもらうようにしている。風通しが良く、いつでもコミュニケーションが取れる環境にあるので、互いに信頼関係を築くには、すごく良いことだと思った。

日本ではこういうやり方はあまりなかったように思う。代表を外れた時は、まず所属チームの強化部から話が来て、少し遠回しに、しかも事務的に説明されておしまいとなる。

監督には選手と距離を置く人もいるが、細かい配慮ができる監督は、選手からの信頼も非常に厚い。監督を信頼していれば、ケガから復帰した時などには監督のためにもやらなければという気になるものだ。チームを強くするには、戦術がどうこうとか、良い選手を集めることだけでなく、きめ細かいケアこそがすごく重要だと思う。

欧州は言い合うことが当たり前

欧州では、監督と選手がコミュニケーションを取るのは当たり前のことだ。練習中もそうであり、練習後も何かあれば、みんなピッチの上で長々と話をしている。

しかも、言いたいことははっきり言っている。

監督に何か言われたら「はい、そうですか」という受け入れるだけの返事ではなく、自分の意見を言うのが普通だからだ。

何か言ったら次の試合、外されるのではないかという心配はまったくしていない。むしろ、モノを言わなければ何も始まらないという世界で、みんなすごく主張する。モノを言うというのは、自分に対する厳しさと責任を持てないとできないことだ。だから、それが試される試合は本当に緊張感がある。

選手同士は、もっと激しい。

たまに喧嘩しているのではないかというぐらい激しく言い合う場合もある。試合中にカウンター攻撃を受けた時、元クロアチア代表キャプテンであるニコ・コバチがヨハン・フォンランテン（スイス代表）という選手に「なんでおまえは戻ってこないんだ。ボールを失ったら、すぐに戻れ」と言った。すると、ヨハンも「俺だけじゃないだろ。他の選手にもちゃんと言えよ」と、自分の考えをぶつける。

日本でよくある「まぁまぁ」という曖昧さがない。要求することは悪くないし、ストレートに言い合う環境が当たり前とはいえ、日本人の僕はそこまで言っても良いものなのかと引いてしまうぐらいの激しさがある。

まさに、狩猟民族なのだと思う。

トラパットーニとの対話

日本では、監督と直接話をすることは若い選手には抵抗があるだろうし、監督は遠い存在でもあるので、なかなかやりにくい部分がある。

ただ、僕は、日本でもガンバ時代に、西野監督と話をしてきた経験があり、代表でもジーコには自分から話をすることにしていたため、監督と直接コミュニケーションを取ることについてはあまり抵抗がなかった。

実際、ザルツブルクに移籍後、コンディションが上がっているにもかかわらず、なかなか起用されない時は、トラパットーニ監督に「なぜ？」と、よく聞きに行った。ベンチに座りに来ているわけではないからだ。

移籍した2007年の4月には、自分は試合に出られていないがどういう状況なのか、また2月の時点と比べて自分のどういう部分を評価してくれているのかを聞きに行った。

するとミスター（トラパットーニ監督の敬称）は「もちろん使うつもりだ」と言ってく

れた上で、「2月の時よりはチームに順応して来ているし、足元の技術や視野の広さは他の選手よりも優れている」と、20分ほど色々と説明をしてくれた。

ミスターは、ユベントスやインテル時代にセリエAのリーグ優勝を始め、数々のタイトルを獲ってきたイタリアの名将だけに、言葉には説得力があった。

それを聞いてもすぐに試合に出られるようになるとは思わなかったが、「なぜ」という疑問に対して答えを得られるわけであり、精神的にも好影響で、気持ちも落ち着くことができた。

リーグ優勝を決めたオーストリア・ウィーン戦は出られなかったが、事前にミスターから「この試合は優勝を決めるスペシャルな試合になる。だから、今まで試合に出ていた選手や退団する選手を優先して使いたい。ただ、後半から出る準備はしておいて欲しい」と、説明を受けていた。それにより自分は納得でき、試合には最終的に出られなかったが素直に優勝を喜ぶことができた。

なんとなく疑問に思っていることや、不満に思っていることを抱えたままプレーすることは良くない。「本当のところどうなんですか？」と監督に聞き、こちらの意志を伝えるのは大事なことだと思う。

もちろん伝えるだけではなく、話の中で監督の顔色を窺《うかが》いつつ、時には監督に対してプレッシャーを掛けていくことも必要なことだ。プロとして、一人の選手として生きていくためには、話すタイミングを見計らって行なう。自分のチーム内でのポジションや評価を高めることにつながるからだ。

欧州のキャプテンの重み

欧州では、キャプテンの存在の違いを感じることができた。

日本の場合、キャプテンがチームを運営していく時、みんなの意見を聞いて、選手の意志を反映させていくというのが基本的なやり方だと思う。

だが、ドイツやオーストリアの場合は、まず力のある選手がキャプテンに選ばれて、そのキャプテンの意見にみんなが従うという感じとなる。

だから、キャプテンの権限とか重みが、日本とは全然違う。

例えば、バラックは、プレーだけでなく、人間的にも誰もが認める存在だ。だから、発言には説得力と重みがあり、みんなもついていこうと思うことができる。やはり名前とか実績、さらに経験というものは非常に大きくて、重視される。

経歴はチームのキャプテンを選ぶ時も大きな基準となる。

僕が所属していたレッドブル・ザルツブルクは、アレクサンダー・ツィックラーという選手がキャプテンだった。元々ドイツ・ブンデスリーガの名門バイエルン・ミュンヘンに所属していた元ドイツ代表選手で、欧州チャンピオンズリーグ優勝も経験しているストライカーだ。それだけにプライドも高く、自分の方から他の選手の方に降りてきて話をするというタイプではなかった。

一度、チーム状態が悪くなり、監督のミスターが辞めるかどうかという時に、僕は「もっとチームがうまくいくために選手だけでミーティングをしたり、ビデオを見て、これがいいとか悪いとか話した方がいいんじゃないか。キャプテンだし、話せば、みんな受け入れてくれると思う」とツィックラーに提案したことがあった。

その時は、「あぁ、そうか」と、聞いてくれてはいたが、結局はやらなかった。

だが、ラピッド・ウィーンという強豪チームとの試合の前日、ツィックラーが、「この試合は大事だ。絶対に負けられない、勝つぞ」というような話をした。

続いて、同じくチームの主力でバイエルン・ミュンヘンにいたことがあるニコ・コバチとも、「がんばろうぜ」と話をしたところで、いきなりビールが運ばれてきた。

さすがに、明日は試合じゃないか……と思ったが、オーストリアでは関係ないらしい。日本だったら絶対にありえないことだが、みんなで乾杯してそれぞれが瓶ビールを1本程飲んだ。

その結果、翌日のラピッド・ウィーンとの首位決戦は、余裕をもって勝利した。大雑把《おおざっぱ》なやり方だが、チームをひとつにするやり方としてはありかもしれないと思った。日本で通用するかは別として。

基本的にドイツ圏のリーダーは、みんなと意見を合わせてという感じではなく、自分と主要な選手数名で意見を調整して、あとは俺についてこい、というタイプが多い。

現在の浦和レッズのフォルカー・フィンケ監督は、チームのまとめ役として主将、副将の他に数名の代表者を選んでいる。それも、まさにドイツ式のやり方なのだろう。

ツィックラーが見せた男気

普段は、プライドが高いツィックラーだったが、キャプテンとして男気を見せてくれたことがあった。

2008年-2009年シーズンになると、名将トラパットーニが去り、コー・アドリアンセというオランダ人の監督がチームにやってきた。オランダでは有名な監督らしいが、ドイツやオーストリアでは、あまり知られておらず、みんな「どんなヤツだろうか」という感じで様子見していた。アドリアンセは、すごく時間に厳しく、10時半から練習する場合、45分前、つまり9時45分には練習場には来ないといけないルールが新たに設けられていた。

ある時、クラブハウスに「明日、サインボールなどクラブからお願いしたいことがあるので、9時15分から45分までの間にやってください」という貼り紙がしてあった。

僕は、9時18分ぐらいにクラブハウスに着いた。

サインできる時間は十分あるし、練習する45分前にクラブハウスにいるという約束も守っている。僕の後に続くように、10〜15人ぐらいの選手が45分までに来て、サインなどクラブからのリクエストを済ませていた。

練習前のミーティングで監督がいきなり、「今日、遅刻してきた選手が数名いる」と、言った。

みんな45分前に来ているし、何の問題もないと思っていた。だが、監督は「9時15分から45分までの間にサインをしてくれと貼り紙が出ていたはずだ。だったら9時15分よりも前に来るべきだ」と、言い始めた。

みんなは一斉に「9時15分すぎに来て、みんなサインは終わっているし、練習にも間に合っている。何の問題があるのか」と、反発した。だが監督は「時間厳守だ」と言うだけで、聞く耳を持たなかった。そして、「ミヤモト、おまえは18分に来たから1分1周として、3周グラウンドを走れ」と言われ、他の選手たちも罰走を受けることになった。

その時、ツィックラーが立ち上がって、監督に毅然《きぜん》と反論した。

「こんなやり方はおかしい。選手に対する思いやりがないんじゃないか」

監督は、「ある選手の奥さんが出産する時、練習に遅刻しても何も言わなかった。それが、選手に対する思いやりだ。俺は、そういうタイプの監督だ。だが、これは思いやりの問題ではない。文句を言わずに走れ」と、厳しく言い放った。

すると、ツィックラーは、「分かった。俺は走るけど、あなたの考えは受け付けない」と、ハッキリ言った。ロッカールーム内は、「よく言ってくれた」という空気になった。監督は、「おまえと俺の間にはシコリが残るぞ」と言い、険悪な雰囲気となった。

ツィックラーがすごかったのは、監督と1対1の時に言うのではなく、みんなの前で言ったということだ。理不尽なことやみんなの利益のためには、自分は監督とも戦うぞという姿勢を見せたのだ。

こういうキャプテンの行動は、選手の信頼を得られて士気を高めるだけでなく、さらにみんなの気持ちをひとつにすることができる。

日本においては、こんなことはまずありえない。

日本では監督と選手の関係は、完全な上下関係であり、みんなの前でこんなことを言ったら「造反だ！」と言われて選手の立場が危うくなるだけだろう。

だが、欧州では、監督に対等にモノが言える土壌があり、おかしいものにはおかしいと言える強いメンタルがある。こういう強さがチーム内での選手の結びつきを強くして、戦う集団にするのではないか。

監督がミスターであれば、ツィックラーもここまで言わなかったと思うが、逆にミスターならこんなことはしなかっただろう。アドリアンセがオーストリアでは無名のオランダ人監督だったことで、ツィックラーの経験と自信が言わせたのだと思うが、欧州のサッカーはピッチだけでなく、どこでも「戦い」があるのだということを実感させられた出来事だった。

初めてのUEFAチャンピオンズリーグ予選

2007年8月8日、僕は初めてUEFAチャンピオンズリーグの予選に出てプレーした。

2回戦は、ヴェンツピルスというラトビアのチームで、ホームの試合に出場し、4-0で勝って3回戦進出を決めた。3回戦を突破すれば、念願のチャンピオンズリーグ本大会に出場できる。日本人はまだ数名しか経験したことのない世界最高の舞台に立てると思うと、やはり興奮し、勝ちたいと思った。

3回戦は、シャフタール・ドネツクというウクライナの強豪だった。石炭などの資源マネーで潤沢な資金を持ち、複数のブラジル人選手もおり、かなり攻撃的なチームだった。

実際、初戦をホームで戦い、1-0でザルツブルクが勝ったが、ほとんど攻められっぱなしだった。僕はセンターバックで出場したが、本当に気が抜けない90分だった。このままだとアウェーの試合は、相当厳しい試合になるだろうと思っていた。

アウェーでの試合に向けては、ドネツクによる攻撃への対策がミスターから言われるのだろうと思っていた。だが、そういうミーティングも話もまったくなかった。この選手は危ないという話はあっても具体的にどう抑えるかという対策もなく、指示もない。ポジシヨニングだけしっかり決めておいて、あとは個々で対応していけということだった。

これでは、かなり厳しいことになると思った。事実、この対策不足が後半、相手の怒濤《どとう》の攻めを受けて防戦一方となる一因になった。

試合は、ザルツブルクがコーナーキックから先制して、願ってもないスタートを切れた。だが、すぐに追い付かれてからは、スタジアム全体が沸いて、押せ、押せの雰囲気になった。その雰囲気は、僕が経験した中ではドイツワールドカップ予選アウェーのイラン戦以上の、盛り上がり様だった。

後半に入ってやっと落ち着きを取り戻し、守備のブロックを作って相手の攻撃を跳ね返すことができた。攻められてはいたが、僕の頭の中はクリアで、周囲も時間も見る余裕があった。なんとか持ち堪えることができるかなと思った矢先、75分すぎに味方ＤＦがＰＫを与えて１－２になった。

この時点でも、まだアウェーゴールでザルツブルクが有利だった。だが、ここから相手の攻撃の出力がさらに上がった。

ここで踏ん張り切れるかどうかが、本当のチーム力だと思うが、この時のザルツブルクには、それがなかった。後半42分、左からのクロスを僕が相手ＦＷブランドンと競り合って負けて、3点目を持っていかれた。2戦合計2－3で敗れた。

ドネツクの攻撃の迫力は、本当にすごかった。

自分たちは攻めている時間がほとんどなかった。チャンピオンズリーグの本大会に出るようなチームは、アウェーでもしっかりボールを繋いで攻めることができる。そういう意味では、自分たちに勝つための力がなかったということであり、こういう舞台で勝つには攻撃を改善しないとどうにもならないと感じた。

チャンピオンズリーグ本大会には出場できなかったが、予選でこれだけ強い相手と戦うことができたのは、自分の経験としては大きかった。Jリーグにもない、日本代表でも味わうことができない質の高い、痺れる試合だった。

欧州の選手たちは、こういう試合をいつも経験できるのだと思うと、心から羨ましくなった。こんな試合を毎年やれば、選手は強くタフになると実感した。

さらに負けたことで、改めてチャンピオンズリーグという大会の重みを感じた。

みんな、ショックで憔悴し、試合が終わってもピッチから立ち上がれなくなっていた。あんなに落ち込んだチームメイトを見たのは、初めてだった。

僕もショックはショックだったが、これも経験だなと思っていた。

悔しさで言えば、ドイツワールドカップで、オーストラリアに負けた時の方が、自分にとっては、はるかに大きかった。あの敗戦を経験していたことで心が整理できていたが、もしかしたら、チャンピンズリーグの本当のすごさを、欧州の選手と比べてまだ実感できていなかったからかもしれない。

もっと試合に出て、オーストリアリーグで優勝し、もう一度、チャンピオンズリーグに挑戦したいと思った。もし、本大会に出場していたらまたワールドカップとは違う別次元の経験ができ、選手としてまた違うステージに到達できたかもしれない。

苦しいリハビリを越えて

2008年1月、日本での休暇を終え、チームに合流して2日目だった。

練習中、スプリントテストの最後にフルパワーで走った時、ブチンと腿裏《ももうら》のお尻のあたりに妙な衝撃を受けた。感覚的には、これはひどい肉離れかと思ったが、筋肉の形状が変わっていて、歩くと肉離れの時よりも痛い。

すぐに氷で冷やした後、ドクターにエコーで患部を見てもらうと、映るはずの腱の部分が見えないと言う。最悪、切れている可能性があるかもしれないということで、午後にM

RIで調べることになった。ドクターはこう言った。「今シーズン終わりまでは無理だ。夏には復帰できるだろう」一瞬、言葉を失った。お尻の骨と腿裏の筋肉をつなぐ腱が切れていたのだ。「明日、手術をする。朝8時に病院に来てくれ」

ウインターブレイクが終わり、残りのシーズンをしっかり戦って優勝したい、と思っていただけに、検査結果はショックだった。しかも、半年もプレーできない。その日の夜、ケガした瞬間を再び夢で見た。

さすがに2日ほどは重たい気持ちを引きずっていたが、手術が終わり、全身麻酔から意識が戻ってきた頃には気持ちは切り替わっていた。起こしてしまったことは仕方がない。それよりも、これからどうやって治していこうかと考え始めていた。

3泊4日で退院し自宅に戻り、1週間後ぐらいからはリハビリが始まった。

リハビリ中きつかったのは、最初の1ヵ月は、「手漕《てこ》ぎ」というメニューしかなかったことだ。エアロバイクを足で漕げないから手で漕ぐというもので、心拍数が上がり、腕の力もつくのだが、これしかやらせてもらえなかった。これは本当に単調できついメニューだった。

やっと1ヵ月が過ぎて、普通に足でエアロバイクを漕げるようになった時は、違うメニユーをやれるだけで進歩したなと思った。

この時、僕はプレーする以前よりもレベルアップして復帰するつもりだった。やはり少しでも自分の引き出しを増やしていかないと成長できないからだ。

新たに取り組んでいたのは、相手の近くでプレーするということだった。相手選手と対《たい》峙《じ》する時、自分の得意な間合いがあるのだが、それよりも1歩2歩近付いて相手と勝負する。

キッカケは、たまたまリハビリ中に見ていたアフリカ選手権だった。

みんなフィジカルでガツンと身体をぶつけて前で勝負する。攻撃的なディフェンスだなと思って見ていた。

僕ももう少しフィジカルコンタクトを増やして、相手FWに嫌がられるようになりたい。そこで相手がバランスを崩してボールを取れたら、なお良い。自分の土俵に引きずりこんで勝負するのではなく、相手の土俵で戦う。それをやってみたいと思った。

オーストリアリーグのFWは、みんな身体が大きく、なかなかガチンコでぶつかるのは難しい。それでもやろうと意識してフィジカルを強化した結果、ぶつかることの恐さはなくなった。小さな1歩だが、プレイヤーとしては、また自分の引き出しを増やせたわけで、こうして選手は成長していくものだと思う。

日本人はもっと自分たちの特性を生かすべき

オーストリアで欧州のサッカーに触れていくと、日本人の特性が明確になるのと同時に、その特性が、実はあまり生かされていないということがよく分かってきた。

日本人は、ひっきりなしに90分動き続けることができる。

これは、欧州でプレーして思ったが、大きなプラス要素だ。

欧州の選手は、動き続けるということはまずない。

ゆっくりするところ、迫力を出してプレッシャーを掛けるところ、スピードアップするところ、それらをうまく使い分けつつ、変化をつけてサッカーをする。

欧州のサッカースタイルをそう定義すると、ずっと走り続ける日本のサッカーは、休みをはさみながらサッカーをする欧州の選手にとってみれば、すごくやりにくいはずだ。

だが、その良さが十分に生かされていないような気がする。

欧州の選手は、例えば練習の場合は、50パーセントぐらいの力でスタートして、笑いながらやっていても最後に8対8のゲームになると急にスイッチが入り、テンションが高くなる。そこでのガツンと当たる激しさや球際への厳しさは、それまでの練習とは全然違う迫力がある。抜く時は抜いて、やる時はやるみたいな感じだ。

試合でも、流しながらやっていても「ここぞ」という時は、120パーセントのフルパワーを出すことができ、シュートを打つ時の出力の大きさが全然違う。それが得点力にも影響し、チーム力の決定的な差にもなっていくのではないか。ドイツ代表も抜いた感じの親善試合はするが、ここぞという時には爆発する力を持っている。

日本人選手は、こういう爆発的なエネルギーを出すのも使うのも、まだ苦手だ。

それは、日本の選手が常に80パーセントのアベレージでプレーしているのが原因ではないかと思う。だから、変化に乏しく、攻守に抑揚《よくよう》がない。加えて、ひっきりなしに速く動くからプレーの精度も落ちる。

ザルツブルクから神戸へ移籍した後、最初に練習に参加して思ったのは、速く、しかも動き過ぎということだった。

スピードを意識して走り回るのは良いが、必要以上にスピードを求めてプレーするから、ミスが増える。

そのせいで相手にボールを奪われ、カウンターを受けて失点したら、速く動くメリットとはいったい何だろうかと思ってしまう。落ち着いて、しっかり回すところは回すなどのメリハリをつけるべきだと思う。

メリハリをつけることができれば、90分間走りきれるというメリットや、日本人の持つ高い技術をもっと生かせるはずだ。止めて蹴るという技術に関しては、日本人選手のレベルは高い。スピードがついた中で、正確なプレーをすることは世界のトップレベルでも難しいが、緩急をつけて落ち着いてやればプレーの精度も上がり、スピードの変化で相手の目を惑わすことだってできる。

日本のサッカーは、そういう工夫をしていくべきなのではないかと思う。

チャンピオンズリーグ本大会に登場するチームはもちろん、僕が出場した予選に出てくるようなチームでもレベルが高く、単純なミスが少ない。

アタッキングゾーンでは、個人の質の高さで崩していくが、DFラインから中盤にかけては、変なボールロストが少ない。それは、やはりサッカーのなんたるかを知っているからだと思う。

質の高いサッカーを小さい頃から見て、この局面ではこういうプレーをしましょうというのが、きっちりと身体の中にしみ込んでいる。だから、何ごとにも動じず、状況に応じてサッカーができるのだ。

これが、本当の強さだと思う。

そういう意味では日本サッカーには、まだまだ改善の余地がある。

自由を与えられても戸惑わずにプレーをする。海外でプレーする国際経験の豊富な選手がいたジーコの時の日本代表でさえ、その自由を謳歌しきれなかった。

どんな状況においてもサッカーの質を変えずにプレーすることができるのが本当の強さだと思う。それが日本人にもできるようになるには、まだもう少し時間がかかるだろう。

海外に飛び出すことが、強化への近道

欧州でプレーしていると、日本代表が強くなるために、必要な要素が見えてきた。

基本的に、代表チームは、クラブチームほど質の高いことができる集まりではない。

集まる時間が圧倒的に少ない上に、常にベストメンバーを組めるわけでもない。

1ヵ月に1回程度の親善試合では、成長を実感することは難しい。

アジアカップのように、長期間にわたる大会の中で勝ちながらチームを成熟させていく

しかないのだ。

僕の持論は、代表を強くするには、たくさんの選手が海外に行ってプレーすること。今、欧州で活躍している長谷部誠（ヴォルフスブルク）や本田圭佑（CSKAモスクワ）、松井大輔（グルノーブル）、森本貴幸（カターニャ）のように、海外で様々な経験を積んだ選手たちが、欧州で集まって試合を行ない、その場で解散するような代表チームの編成になれば、全体のレベルは確実に上がる。

長谷部や本田たちが日頃から感じているプレッシャーは、Jリーグで受けるものとは比較にならないほど大きい。

例えば森本であれば、強豪のインテルミラノやACミランと戦い、点が取れなければ新聞に叩かれ、ベンチに戻される。このような厳しい経験は、日本ではできない。

厳しい環境の中で、自分のプレーを出して認められ、試合で結果を出すというのは、本当に大変なことだ。その点はもっと評価されるべきではないか。

たしかに、Jリーグにも優秀な選手はたくさんいる。

だが、ワールドカップという大きなプレッシャーのかかるような大舞台で、追い詰められた精神状態になった時、正しい判断ができたり、良いプレーができたりするのは、日頃からどのくらい厳しいプレッシャーの中でやっているかによると思う。

だから、最近、欧州に行きたいという選手が減ったように感じるのは残念であり、日本にとってはマイナスな傾向だと思う。いきなり、イングランドやスペイン、イタリア、フランス、ドイツを目指す必要はない。少しレベルの下のリーグで経験を積んでから行けばいいのだから。

見直した、個の重要性

僕も経験したことだが、国内組だけで代表チームを作れば、コンビネーションも高まり、試合も数多くこなせるので、ある程度のことはできるようになる。

だが、試合は基本的に親善試合であり、公式戦も相手はアジアの国がほとんどだ。それよりもストレスのかかる試合を戦っていった方が、個々の経験値が上がり、いざ大きな勝負をする時にモノを言うようになる。

その経験値を上げるためには、欧州で揉《も》まれたほうが良い。

2002年日韓ワールドカップで、トルコに敗れた時に思ったのは、引いた相手を崩しきれなかったのは個々の能力がまだまだ足りないからではないかということだった。

ゴール前を固める相手守備を打ち破る、個人技、アイデア、工夫、コンビネーション。普段から、レベルの高い環境に身を置くことがそれらの改善につながる。

ドイツでのワールドカップではもっと広い意味での個の強さの重要性を感じた。

この場合の個というのは、サッカー選手としての能力だけではない。集団でコレクティブに戦うのは、日本の良さではあるが、大きなプレッシャーのかかるワールドカップなどで、世界のトップレベルとの真剣勝負をするには、人間としての深みや経験などもひっくるめて、個の強さが求められるのではないだろうか。

強い精神力、協調性、自己犠牲の心。

ワールドカップで勝利するには、サッカーの力だけではない部分も求められる。

極端な話、レギュラーのほぼ全員が欧州のクラブに身を置き、ロンドンでイングランドと試合をやるので、みんなロンドンで集合しましょうというぐらいの時代が来たら、本当の意味で外国の強豪国と戦えるようになると思う。

だから、20歳前後の選手は、どんどん欧州に出ていくべきだ。ヒデやイナ、伸二もそのくらいの年齢で海外に出て行ったのだから。

本音を言えば、僕ももっと早く海外に行っておけば良かったと思う。

僕は、29歳で海外に出たが、20歳ぐらいで出て行きたかった。

これまで歩んできた道を否定はしないし、納得もしている。

だが、20歳ぐらいで欧州に出ていたらどうなっていたかとも思う。もちろん力がないと行きたくても行けないわけであり、僕がその時、その力があったかといえばそうではない。だが、サッカー選手としての成長や人間としての幅を広げる意味でも海外に出るということは魅力的なことだと思う。

個の総合力がものを言う

欧州に行ったことでサッカー観が変わり、見識も広まった。

まだまだ世界は広い、うまい選手は世界にたくさんいるな、とつくづく思った。それに、サッカーはチームスポーツだが、個々の局面は、個々が判断してプレーしなければいけないということを改めて感じた。

欧州には、監督の指示を待っている選手などいない。基本的にサッカー選手に与えられる自由が大きい。

日本での自分の経験から言うと、試合前のミーティングやハーフタイムでは、監督から細かい指示が出る。したがって選手たちは、指示を待っていることが多い。だがザルツブルク時代、週半ばの練習では戦術的なことを確認したが、試合になると、セットプレーなどの決め事以外は、選手に委《ゆだ》ねられることが多かった。

特に、ミスターはハーフタイムに指示を出すことはほとんどなかった。ピッチでプレーするのはあなたたちです、だから自分たちで考えてプレーしなさい、ということなのだろう。

その時、個の能力が必要になるのだが、それは単純にスピードであるとかドリブル突破などの能力だけではない。

こういう状況ではこういうプレーを選択し、こう動くべきだと考える知性や、プレッシャーのある中で自分に打ち勝って本来のパフォーマンスを発揮するメンタリティも、個の能力だ。それらを監督の指示なしに、局面ごとに、自分で考えてやらなければならない。監督の指示の有無を良い、悪いと言っているのではない。「考えてプレーする」ことが、選手を育てると思うのだ。

その意味では、様々な経験を持った選手の集まりの方が強くなる。ジーコは、そういう個の力を求めたのではないかと思う。

自分で判断してプレーすることの重要性

欧州では、みんなチャレンジする。

それは、自分の置かれている環境が厳しいからだ。

彼らは自分で自分の身を守る必要がある。何度も同じようなミスをしたり、パフォーマンスが悪かったりすると、すぐに他の選手に取って代わられてしまい、チームは新しい選手を取ってくる。

半年で自分が売られてしまったり、クビになってしまうケースだってある。市場にいる選手の数は日本と比べ物にならないくらい多い。

日本には、そういう環境から受けるプレッシャーはあまりない。メディアからのプレッシャーは感じることはあるかもしれないが。

僕は、自由が与えられているのであれば、思い切りやればいいと思う。

神戸でも「ツネさん、こんなんやってみてもいいですかね？」と、聞かれることがあるが、聞く前にトライすれば良いと思う。やってみて成功すればそれで良いし、うまくいかなかったら、それについて考えてみればいい。

これをやったらまずいんじゃないかと思って、先にブレーキをかけてトライしないことほどつまらないものはない。

もちろん、やってはいけないミスはあるが、まずはトライして、あとで監督やコーチに何か指摘されたり自分でそれについて考えたりする方がよっぽど成長する。トライしないまま時間を過ごすよりは、何かをして学んでいく選手の方が、成長の速度は何倍も速いからだ。

今の日本の若い選手は、指摘されることに慣れていないのか、怒られるのがイヤなのか、無難にプレーする選手が多いように思う。

だから、自分でボールを持ってもトライしない。ＦＷや中盤の選手でも、とにかくゴールをイメージしてプレーしている選手は、ＤＦにとってすごくイヤだが、今の日本ではゴールに結びつくプレーよりもパスを優先する場面がよく見られる。それだと守っている側からすると怖さは感じない。

意識はすぐには変わらないかもしれない。だが、いつか自然に変わると思っていたら大間違いだ。自分から変えていかないと、いつまで経ってもゴール率は上がらず、国際舞台で戦える選手には成長できない。

指示を待たずに、自分で判断してプレーする。

非常にシンプルで当たり前のことだが、欧州で選手のプレーを見て、改めてそれが大切なことだと実感した。

第6章

日本がワールドカップで勝つために必要なこと

ワールドカップの厳しさ

ドイツワールドカップに行く直前、ファンの人に「ワールドカップで優勝してください」と、よく言われた。

選手の立場からすると「えっ？」と驚かざるを得ない。期待を込めて言ってくれているのかと思うが、言っている人は大真面目だったりする。

そういう発言が普通に出てくるのは、やはり、まだみんながワールドカップの歴史や重みなどをよく知らないからだろう。

もし、ワールドカップがどういう大会か、どれほど厳しい大会か、本当に知っていたら「優勝」という言葉はなかなか出てこないはずだ。ワールドカップで勝つということはそんなに簡単なものではない。

ただ、日本でそういう発言が出るようになったことも多少は理解できる。

2002年日韓ワールドカップで、日本代表はベスト16で、トルコに負けたのも完敗という形ではなかった。

その時とメンバーも大きく変わってないし、むしろ経験を積み、さらに個々の能力は上がっている。イコール、チーム力も上がっている。そういう印象をみんなが持っていたと思う。実際、ドイツ大会のメンバーをもってすれば、かなりの成績を残せるかもと思った。

ただ、2002年はホーム開催ということでやりなれた環境があった。グループリーグの対戦国にどうあがいても勝てそうにないという相手はいなかった。

さらに、世間の喧騒《けんそう》からチームを隔離することができるという融通がきいた。もちろん、実力が伴わないとグループリーグを突破することはできない。選手、サポーター、サッカー協会、メディア、関係者が一丸となって戦った結果、決勝トーナメント進出を果たせたと思っている。ただ、大きなアドバンテージがあったのも事実だ。

しかも、その日韓大会での成績が普通だと日本人は思ってしまった。だから、ドイツ大会で負けた時の失望はより大きなものになってしまったのではないかと思う。

自分も本当の意味でのワールドカップを知らなかった。

少なくとも2002年日韓大会とは違うだろうなとは思っていたが、欧州でのワールドカップがあれほど厳しいものだとは思っていなかった。ワールドカップでは簡単に勝てる試合はない。選手として、それを経験できて良かったと思っている。

ワールドカップで勝つために必要な「環境」

2006年のドイツワールドカップにおける、日本代表に対する国民の期待は、間違いなく日韓大会の時以上に大きかった。しかし、僕らは1試合も勝つことができなかった。

痛烈に感じたのは、環境の重要性だ。

日韓大会の時は、袋井市の「北の丸」という周囲と隔離されて、選手が試合に集中できる環境の宿舎が与えられた。これは、最高に良かった。

宿舎には、自分たちしかいないので変なストレスを感じずに済み、家族と会う時間も設けられた。

一般の人に会うのは、練習や試合に行く時、バスで沿道から手を振る人たちを見るくらいで、世間でどれだけ盛り上がっているのかということも、テレビで報道されるのを見るくらいでまったく実感がなかった。

気候もピッチもよく知る慣れた環境で、しかも大勢のサポーターが来て圧倒的なホームの中で試合をするという、すべてが日本に有利な中での大会だった。

ドイツ大会は、ピッチ状態や気候など、欧州の選手が実力を発揮できる環境だった。

一方、僕らは、あの異常な日差しの強さや寒暖の差が激しい気候はまったく想像できず、また練習場や宿舎のホテルも集中できる環境ではなかった。

それは、日韓大会が充実していただけに、そう思ったのかもしれないが、特に長時間を過ごす宿舎選びは重要なポイントになる。

部屋自体は、ツインのシングルユースだったし、食事も日本からコックさんが来てくれたので問題もなかったが、食事会場は十分なものではなかった。

ホールみたいなところで窓がなく、外の景色がまったく見えない閉鎖的な空間だった。ワールドカップ期間中はもちろん、合宿からずっと同じメンバーでいるわけで、食事はどうしてもマンネリ化してしまう。しかし、外の景色が見えている環境で食事ができれば、その日の天気や景色を感じて生活のリズムに変化をつけることができ、気分的にリラックスすることもできる。開放感というのは、ストレスをためないためにはすごく大事なことだ。

それは、オーストラリア戦に負けた後、特に感じた。

気分が落ちて空気が重い中、外の景色も見えないし、輪をかけて空気が重く感じた。これでは、食事をしようという気もなくなる。

リラックスするために外に出ようにも、街中にホテルがあるため周りは人が多く、サポーターにもすぐに会ってしまう。

もっと郊外の静かな場所の方が、選手としては落ち着いて試合に臨めるはずだ。試合会場などへの移動を考えるとボンの街中が良かったのかもしれないが、もっと適した場所があったのではないかと思ってしまう。

ボンの練習場にも問題はあった。毎回オープンにしていたことで試合前に集中するのには適していなかった。

わざわざボンまで大勢のファンが来てくれるのはうれしかったが、見ている人たちはどうしても話したり、ワイワイとなりがちだ。

そういうスタンドのザワザワした感じは、試合に向けて集中した練習をするのには向いていなかった。

ドイツ入りする直前のJヴィレッジでの代表合宿は、さらにヒドかった。

毎日1万人のファンがつめかけ、毎日、練習を公開していた。あの環境では、選手は自分のペースで練習できず、集中することは難しい。ジーコは、国民に夢や勇気を与えるのが代表チームだから、みんなの前でやるべきだというポリシーを持っていた。ブラジル代表に長らく関わってきたジーコの考えは理解できるし、監督の方針がすべてを決めてしまうので仕方がない。しかし、非公開の日を設けても良かったと思っている。

こうした環境面を見てみると、日韓大会の良かったこと、なぜ成功したのかという部分が継承されていないような気がした。

ワールドカップで勝つというのは、チーム単体の戦いではなく、サッカー協会やメディアも含めたサッカー界全体の勝負となる。だから、細部までこだわらないといけない。

ワールドカップ期間中、チーム全体がどういう行動パターンを取るのか、いかにストレスのない環境を確保するのか、ファンの人が入るエリアはどこまでなのかなど、徹底的にこだわるべきだ。もしも、自分がそういう立場になったら、いろいろな経験を還元できるだろうと思う。

ひとつでも不安やマイナス面に感じる部分を潰して、完璧な状態で挑めるように準備することが必要であり、そのために、各大会の結果と環境面を結びつけつつ、しっかりと検証をしておくことだ。

スポーツディレクターが必要

戦術や技術的なことについては大会を総括したレポートが出ているが、それ以外の部分、すなわち環境面なども協会としてレポートを作成し、財産にしていかないともったいないのではないか。それを積み重ねていけば、どういう環境を用意し、どういう食事で、どういう練習場がいいのかなど、勝てる要素が明確に出てくると思う。そういうことを含めて、サッカー協会は、代表チームと監督をサポートしてほしいと思う。

例えば、スポーツディレクターのような肩書きで、代表チームにおけるGMのようなポジションを作り、その人物が組織の中でリーダーシップを取り、監督とメンバー選考について議論したり、合宿の場所や親善試合を決めたりすることを担当するというのはどうだろうか。

その際、ただ監督からの要望を聞いているだけではなく、ワールドカップやアジアカップ、コンフェデレーションズカップなどの大会結果から成功するための項目を挙げ、それをベースに協会とスポーツディレクターが強化に重要な要素を網羅したチェックシートを作り、それと照らし合わせてチェックしていく。

そうすれば、チームに必要な強化を監督とともに考えながら、効果的に行なえるようになる。それが現実的にうまくいかない場合や失敗した時の責任の所在も明確になる。会社でもなんでもそうだが、誰も責任を取らない、誰が責任を取るのか分からない組織では、チームは強くならない。

その他に、代表を直接強くすること以外の雑事や周辺サポートをするメンバーと責任者を用意することも大事だろう。代表チームという大きなグループを運営していくために責任のある組織作りをしてほしいと思う。

ワールドカップ直前の準備

ワールドカップ初戦まで1週間を切ると、コンディション調整と対戦相手国を想定したメニューが入ってくる。いよいよワールドカップが始まるなという雰囲気になってくる。

ドイツ大会の時、オーストラリア対策のミーティングは、試合の3日前に行なわれた。ビデオを見て、相手チームはこんな戦い方をする、例えばビドゥカは、こういうプレーをするというのを確認する。翌日の練習には、ビドゥカの動きを真似する選手を入れて、実際にトレーニングする。どういう動きをして、どういう感じでボールをもらうか、などだ。そこでしっかり相手選手の対策を身体にもたたき込む。

宿舎には、対戦国のビデオや選手別のものがあるので、選手は必要に応じてビデオで確認する。僕は、まず全体的にどういうサッカーをするのかということを確認し、次に個々の選手の動きをチェックする。

さらに、セットプレーの内容、負けている場合はどういうパターンの選手交代があるのか、勝っている場合はどんなカードを切ってくるのかなどを確認する。

オーストラリアの場合、負けているとケネディという長身のＦＷを最初に入れてくる。勝っていると、引いて守備をし、スピードのある選手を入れてカウンターで追加点を狙うという形が見えてきた。

選手には、試合のビデオだけ見て、ザックリと確認するだけの人もいる。

相手よりも自分たちのサッカーをする、自分のプレーに専念した方が良いという考えからだ。攻撃の選手であれば、それで問題ないかもしれないが、僕はＤＦの選手である。相手のクセや特徴を把握し、良さを出させないように潰すことが必要とされる。

その対処方法を考えるためにも、相手の情報をしっかりと頭の中で整理しておく。そうすることで試合の中でも先の動きを読むことができ、一歩先に動いて対応し、落ち着いて対処することができる。

また、相手チームのカードの切り方や試合の動かし方といった情報は、試合の流れを読むのに必要なことだ。相手はこういうカードを切ってくるなというのが分かっていれば、実際に選手交代になった時にも混乱することなく、対応できる。

もちろんサッカーの場合、想定しないことも起きる。それでも、監督のやり方であるとかセオリーがあるので、ビデオをしっかり見ていれば、それほど事前情報から逸脱することはない。

オーストラリア戦の時は、終盤にケネディが出てきて、分析通りだなと思った。だが、最後は4トップのような形で攻撃してきたのは、予想外だった。さすが、ヒディンク監督だなと思った。想像のつかない手を打ってきた。だが、そういうことが起きるのがワールドカップであり、そういう状況を打破しないとワールドカップでの勝利は得られない。

もっともっと海外で親善試合を

日本代表の戦いは、これからも続いていく。

代表選手は、いつまでも選手が憧れる、目標とされる存在であってほしいと思う。

そのためには、もっと強くなっていく必要がある。

日本は、国内での親善試合が多い。スポンサーの問題もあるのだろうが、国内でいくら親善試合をしても本当の強化という面では難しい。本当に強くなるためには、代表はどんどん海外に出て試合をすべきだ。

それは、僕が実際に感じていたことでもある。

親善試合のために日本に来る国が、ベストメンバーで来ることはほとんどない。本来の目的であるチーム力を試すのは難しく、選手個々としても得られるモノが少ない。

だが、海外でやる場合は、得られるものが非常に大きい。

まず、相手チームのやる気が違う。

特に、欧州でやる時は、相手はホームなので負けるわけにはいかず、本気になる。そのため局面は当然激しくなり、厳しい戦いとなる。対戦国もメンバーをほぼベストで組むことが可能となり、コンディションも間違いなく良い。

2009年9月のオランダ遠征では、オランダ代表はベストメンバーだった。あれが日本での親善試合だとおそらく、レギュラーの半分も来なかったと思う。

また、自分たちがディスアドバンテージの中で戦うということも大事だと思う。

時差、気候、食物、ピッチコンディションなど、日本とは異なる中で、どのくらい戦えるか。そういうことで、チームも個人も鍛えられていく。

ドイツワールドカップ前、2006年2月にドイツのドルトムントでボスニア・ヘルツェゴビナと対戦した。雪が降り、ピッチがぬかるんだ中での試合だったが、相手は想像以上に強かった。欧州の中堅国でも、現地ならばかなり手強《てごわ》いので、良いスパーリングパートナーとなる。

こういうことのすべてが良い経験となる。

現在は、Jリーグのリーグ戦に加えて、AFCチャンピオンズリーグやカップ戦があり、かなり過密日程のため、代表チームのためのスケジュールを取るのが難しくなっている。試合数も限られているが、せっかく代表が集まって貴重な時間を過ごすのであれば、親善試合もムダにしてほしくない。

南アフリカワールドカップ以降、誰が監督になるか分からない。

代表メンバーの顔ぶれもまた変わっていくだろう。

その時、多くの日本人選手が海外に出て、親善試合は海外で集合し、戦って解散ということができれば理想的だと思う。それが難しいなら、とにかくチームとして海外に出て、厳しい戦いをして鍛え、経験値を高めていくしかない。ワールドカップは、これからも基本的に海外で開催される大会であり、少しでも経験値のあるストレス耐性の高い選手を育成していく必要があるからだ。

本番前の対戦相手選び

ワールドカップを勝ち抜く上で、直前の親善試合は、非常に重要だと思う。なぜ直前の親善試合が重要かというと、ワールドカップの初戦に向けての仕上げとなるからだ。イタリア、ドイツ、ブラジル、アルゼンチンなど、強豪国のように大会の最後の方にピークを持っていくのであれば仕上げは必要ないが、日本は初戦からフルパワーで行かないと勝てない。つまり、初戦にピークを持っていかねばならない。直前の親善試合は、初戦から逆算して、この試合ではこのぐらいまでできてないといけないという物差しにもなるのだ。

日韓大会の時は、直前はスウェーデン戦だった。ホームであり、ケガから復帰した森岡隆三など、そういう選手の調整という意図を重視した試合だったが、サポーターの熱狂具合とか、色々なものを感じられて良かった。ドイツ大会の時は、直前の試合の1戦目にドイツ戦があり、2戦目がマルタ戦だった。ドイツは大会のホスト国で、世界でベスト10に入る強豪国。対戦相手としては完璧だったが、少し意識し過ぎてしまい、ドイツ戦にピークを合わせ過ぎてしまった。

それだけに、格下のマルタとの試合の焦点がぼやけてしまった。やるとすれば、せめてワールドカップに出場が決まっている国とやるべきだったと思う。

やはり名のある強い国と対戦した後、力のかなり落ちるチームと試合をするのでは、どうしてもモチベーションに違いが出てしまう。気が抜けたまま試合をすると、ケガに繋がることもあり、チームの士気にも影響する。少し苦戦していた方がチーム全体が緊張感と危機感でピリッと引き締まって、ちょうど良い。

また、それまで長い間合宿をしてきて、ただでさえ気持ちを維持していくのが難しい中、試合は目先を変えることで、気持ちを切り替えられるポイントにもなる。

強豪とやるとなれば、選手の気持ちも必然的に戦闘モードに切り替わるからだ。さらに2戦目は、前の試合で出たいくつかの課題を修正し、それを最終的に試す機会にもなる。そういう意味も含めて僕は、直前の親善試合は力のある国とやるべきだと思う。

現地では、まず中堅の国と対戦し、ラストマッチは強豪国と戦うのが理想的だ。

それから初戦まで、いかに良いコンディションを作り、気持ちを盛り上げていけるか。初戦にピークを持っていく以上、最終段階における調整が重要なカギになる。

優秀なFWをどう輩出するか

日本のサッカーは、どういう方向に進むべきか。

パスサッカーが今後の日本のベースになるのは間違いない。パスを細かく繋いで、攻めるというのは、日本の高い技術と豊富な運動量を考えると、一番能力を発揮できるやり方だからだ。

また、前から積極的に相手にプレッシャーを掛けて、ボールを奪って速く攻めるというコンセプトも良いと思う。みんなが意志統一されて、ボール際で厳しく戦うことができれば世界の強豪と良い戦いができる。ただ、プレッシングは90分ずっとはもたないため、強弱をつけたり、変化をつけたり、柔軟性を持たせることが必要だ。

あとは、優秀なFWをどう輩出していくか。

イングランドのルーニー、アルゼンチンのメッシなど世界の強豪国には、必ず素晴らしいFWがいる。日本にはまだストライカーと呼べる選手が少ない。

日本が世界で結果を出すためには一流FWの存在が不可欠になる。日本サッカー協会は危機感を抱いていて、若年層からFWを育成しようとしている。

日本の場合、FWにたくさん仕事を求め過ぎるところがある。

だが、ＦＷの仕事はやはり点を取ること。そこが、第一優先順位であることを忘れずに、ゴールに貪欲《どんよく》なＦＷが出てきてほしい。

対アジア、対世界の切り替え

日本代表は、常に良いサッカーをして勝つべき存在だ、と言われる。

僕が、代表にいた時も、よくそう言われた。選手は、もちろんそれを目指しているが、アジアで戦うのと世界で戦うのは、まったく異なる。

アジアを相手にするときは、ほぼ毎回、守備を固められて、常に相手は１００パーセントの力でぶつかってくる。気候やピッチコンディションの差、それにレフェリーの問題など、相手と戦う以上に環境面での戦いも非常にヘビーだった。

こういう過酷な条件の中で、いつも良いサッカーができるはずがない。だから僕は、ドイツワールドカップの予選の時は、内容を求めて戦う必要はないと思っていた。

もちろん、ただ勝てば良い、というわけではない。

チームコンセプトを作っていきながらも現実的な戦いをするべき、ということだ。

例えば、ドイツワールドカップの１次予選でシンガポールと戦ったが、あの高温多湿の中、内容を重視し、90分走って戦うのは、まず不可能だった。だから、相手や環境を見ながら臨機応変に戦うことが、アジアでは必要なのだ。

世界と戦う場合、単純に対戦国のレベルが上がり難しくなるが、レベルが高い分、日本の何が通用して、何が通用しないのか、それが明確に分かる。

欧州を始めとする世界の国との親善試合は国内外で行なわれるが、その時こそ自分たちがトライすべきサッカーをして、善し悪しを把握し、目指すべき理想のサッカーに繋げていけば良い。

対アジアと、対世界の使い分けは、選手たちはわりとスムーズに切り替えることができる。

2005年のコンフェデレーションズカップの時、僕たちは直前までドイツワールドカップアジア予選を戦い、アジアのサッカーに慣れていた。

だが、コンフェデに入るとスタイルを変化させた。

ブラジル戦の時は、相手にボールを持たれて回される中、自分たちもボールを持ったら繋いで前に行こうと決めていた。世界基準のサッカーでブラジルに挑み、そこそこ戦うことができた。勝てなかったが2－2のドローで終わり、対アジアのサッカーを脱して戦えることを証明した。このコンフェデの時のスタイルが、それから先、ドイツワールドカップに向けて自分たちのサッカーの基準になっていったのだ。

これからアジアの勢力図がどう変化していくのか分からない。

ただ、僕がU－17代表からA代表に至るまでの間、アジアの中では日本は常に目標とされ、難しい戦いを強いられてきた。それで成長してきた面もある。これからもアジアをリードし、世界と戦う中で、日本の存在感をアピールしていってほしいと思う。

最終章　主将としてのラストメッセージ

ドイツワールドカップで学んだこと

ドイツワールドカップは、苦い思い出ばかりだが、数多くの経験をさせてもらった。特に、人間関係の部分で、人の気持ちをまとめるのがいかに難しいかを実感した。そして、言うべき時には、しっかりと言わなければならないということも。

おかげで、神戸に来てからは色々言うことに躊躇《ちゅうちょ》がなくなった。嫌われても良いから大久保嘉人を始め、選手たちにガンガン要求していこうと思っている。ワールドカップ期間中、みんなをひとつに出来なかった反省が今、神戸で生かされている。

ベテラン選手というのは、常に下の選手に見られている。

僕も今、33歳になって、見せる部分でもチームに貢献していくべきだと思っている。それは何かを意識して見せるのではなく、自分のルーティーンとして、色々やっていくのを見てもらえば良いという感じだ。

例えば、9時30分から練習が始まるとする。

僕は、1時間前の8時30分にはクラブハウスに来る。着替えて、45分前から超音波を当てたり、ケガしていたらケアをしたり、テーピングしたりする。35分前から自転車を漕ぎ出して、身体が温まってきたら今度は動いてストレッチをする。それを練習開始10分前ぐらいまで続けて、着替えて練習のピッチに出ていく。しっかり準備をすることでケガの予防になるし、身体に刺激を入れることで軽快に動けるようになるからだ。

誰が見ているかわからない。誰も気にしていないかもしれない。でも自分は自分のやることをやる。それが誰かにとって参考になるかもしれない。

最近は、プレーで色々気がついたことを言おうと思っている。

紀氏隆秀という選手がいる。ヴィッセルユースからトップに上がった生え抜きのGKだ。紀氏にはDFから見て気づくことを伝えたり、フィード面のことを指摘したりしている。ただし、こちらからの一方通行になるのではなく、向こうからの要求、要望も伝えるように言っている。ピッチに立てば年齢は関係ないことを知ってもらいたいからだ。若手の成長に手を貸すのもベテランが果たせる役割のひとつだろう。

今、神戸で選手にあれこれ言うようになったというのは、ちょっと不思議な感じがしている。ガンバでは、そんなアドバイスなどはほとんどしなかった。むしろ、あまり言わないようにしていたし、見て学ぶものだろうと思っていたからだ。

だが、今は言った方がいいかなと思っている。

33歳になった今、直接伝えられる時間は、そんなに多くないと思うからだ。

代表キャプテンの発言の重さ

ジーコ監督の日本代表でキャプテンをしていた時、よく「クラブチーム（ガンバ大阪）でのキャプテンとの違いはどんなところですか」と聞かれた。

難しい質問だが、言葉にするなら、質が違うと言うべきだろうか。

確かにクラブのキャプテンも大変な仕事で、重たいものだ。しかし、代表のキャプテンというのは、代表というチームに関わる人の数とか規模、期待や影響力の大きさがクラブと違う。

オーストリアのレッドブル・ザルツブルクに所属していた時、ドイツ代表の特集番組を見る機会があったのだが、メディアの取り上げ方や関心の高さが全然違った。

キャプテンのミヒャエル・バラックの発言は、影響力が非常に大きく、一国の首相であるかのような、重みのあるコメントとして扱われる。

日本では、そこまで大きな影響はないが、自分も代表のキャプテンという立場での発言に関しては、かなり気を付けていた。自分が発言したことが、あらゆるところで報道されて、チームの総意であるかのような扱いになるからだ。

例えば、ドイツワールドカップの抽選会後、オーストラリア、クロアチア、ブラジルと対戦が決まった時、「グループリーグ突破は、クロアチアとの争いになりそうですか」「日韓大会以上の成績を残せそうですか」等々、質問された。

僕は、「グループリーグ突破はもちろん、その上を目指せる力は十分あると思う」と、答えた。

実は、本心はそうではなかった。

確かにグループリーグ突破は、初戦のオーストラリア戦に勝てばなんとかなるかと思っていた。だが、どう考えても日韓大会のベルギー、ロシア、チュニジアという対戦国よりはレベルは高く、厳しい相手ばかり。本気のブラジルに勝つのは日本でなくとも難しく、クロアチアはドイツ開催という欧州での大会だけに相当手強いはずだからだ。

とはいえ、日本代表のキャプテンとして発言する以上、さらには、国民の大きな期待を感じている中で、キャプテンという立場から楽観的なコメントを残す必要があった。

目標に対して本音と建前を使い分けるというのは、日本特有かもしれない。

オーストリアに移籍した時、海外の代表を見てきたが、海外は目標の捉え方が違う。

日本の場合、「目標は」と聞かれて、どう逆立ちしても難しい場合でもあっても「優勝を狙います」と答える。それが、スポーツ選手の常套句《じょうとうく》になっている。

だが、海外では、「決勝に行けたらすばらしいと思います」と答える。海外では、「ファイナリストになる」ということに重きをおいて、それをファンを含めた多くの人々が、評価している。

だから、2009年、日本に戻ってきて、神戸でキャプテンとなり「今年の神戸はどうですか？」と聞かれた時、どう答えようか迷った。

その時は素直に「目標は、シングルの順位。でも、3位以内に入ってACLに届けば嬉しい」と答えた。

すると、ファンに「なんで目標は優勝って言わないんですか」と言われたりする。

実際には数試合戦ってチーム力を冷静に分析すると、7位前後に入れるかどうかの力だと感じていた。

ガンバ時代、苦しみながらリーグ戦優勝を果たした経験をしているだけに、優勝することの難しさはよく分かっている。そもそも18チームで1チームしかトップに立つことはできない。だから、簡単に「優勝する」とは言うことができない。いや、優勝すると言った場合、その発言の重みを僕は考えてしまう。

目標は、基本的には正確な力を把握して考えるべきであり、飛躍したものを設定すべきではないと、僕は思う。

僕は、本当に優勝を狙える力がついてきたら「目標は優勝」と発言するつもりだ。神戸で、早くそのように言うことができる日が来ることを楽しみに思っている。

キャプテンに求められる要素

ワールドカップ予選、アジアカップ、コンフェデレーションズカップ、そしてワールドカップなど、プレッシャーのかかる大きな大会でキャプテンに求められることは、

毅然とした態度。

モチベーターであること。

冷静であること。

この3つだと思う。

毅然とした態度というのは、どんな状況においても取り乱すことなく堂々としているということだ。色々なシチュエーションがあると思うが、例えば負けている状況で弱気にな

ったり、ファールを受けて逆上し報復してカードをもらうなどの行為はキャプテンにふさわしくない。つまり、リーダーたる人間として隙《すき》を見せないということ。

アジアカップのヨルダン戦のＰＫ戦がそうだったが、レフェリーに抗議する時も毅然とした態度で対応すべきだと思う。自分が自信を持って発言すればその気迫は、必ず相手に伝わる。それが人を動かす力になる。

モチベーターであるということは、チームメイトを鼓舞《こぶ》して、目の前の試合やプレーに集中させたり、やる気にさせたりできるということだ。

むやみやたらに誉めたり、激励したりするのではない。

例えば、単純なミスであれば怒鳴ることもあるが、ミスをしてもそれが積極的なトライであれば誉めて、「そのミスを次に生かそう」と、気持ちを上げさせる。セットプレーでは、大きな声をかけてコミュニケーションを取り、注意を促して、集中力を高めることもモチベーターの仕事だ。

トルシエは、試合前、選手を盛り上げるのがうまかった。ザルツブルクのトラパットーニも簡単な言葉だけで、グッと集中力を高めてくれた。優れたモチベーターであることは、リーダーには重要な資質だと思う。

冷静であるということは、頭はクールにハートは熱くということ。

瞬間湯沸かし器みたいにカッカしてプレーしていたら良い判断はもちろん、良いプレーもできない。野球では、引退した野茂英雄さんや桑田真澄さんのように表情を変えないほど良いピッチャーだと言われるが、疲れてもピンチでも平然とした表情でプレーするのは大事なことだと思う。相手に疲れた表情やミスして意気消沈《いきしょうちん》した表情を読まれて、弱みに付け込まれるのは、プロとしては失格だ。

ただ、冷静にプレーするということは、簡単そうに見えて難しい。

特に、ワールドカップなど大きな舞台では、なおさらだ。

実際、オーストラリア戦で失点してからのラスト10分は冷静にプレーするのが難しかった。冷静になれないと、正しい判断ができなくなる。第三者的な視点を持つことができれば冷静でいられるが、それはどれだけシビアな経験をしてきているかによる部分が大きい。僕らには、まだその部分が足りなかった。

この3つの要素を持ちつつ、試合では、ポジティブな思考を持ち続けること。

例えば、1－2で負けていて、残り5分の状況だとする。

しっかり集中し、守って相手の攻撃を凌《しの》げば、数回はチャンスがくる。それをモノにして勢いをつければ、一気に試合を引っ繰り返すことも可能だ。

仲間を、チームを信じていれば、必ず何かが起こる。2004年、中国でのアジアカップのバーレーン戦などは、まさに、その思いで逆転できた。

ネガティブに物事を考えたら、その時点で戦いは終わってしまう。どんな逆境においてもポジティブな思考でいることは、プロスポーツだけではなく、ビジネスや他の世界でも必要な、普遍的なことだと思う。

プロアスリートの引き際

引き際というのは、大事なことだと思う。

プロスポーツ選手の場合、それは必ず通る道だ。

僕は、自分が思うパフォーマンスができなくなったら辞める時だと思っている。

だが、それが何歳になるかは分からない。カズさんやゴンさんは、40歳を越えてバリバリやっていて、本当にすごいと思うが、自分が彼らのようにやることは想像できない。

ザルツブルクにいた時、トーマス・リンケというDFの選手がいた。リンケは、あと1年レッドブル・ザルツブルクと契約を延長してプレーしたかったのだが、チームは延長しないことを決め、フロントに入ってスポーツディレクターを手伝ってくれというオファーを出した。だが、彼は、もう1年現役でプレーを続けることにこだわり、カテゴリーを落とし、ドイツ3部リーグのバイエルン・ミュンヘンのアマチュアチームでプレーすることを決めた。

リンケは、ドイツ代表としてワールドカップに出場し準優勝、バイエルンの一員としてUEFAチャンピオンズリーグで優勝したこともある経験豊富な選手だ。そんな選手が自分の意志に基づきカテゴリーを落としてでもプレーする姿を見てきた。

だから、彼のように自分がやれると思うのであれば、そして、自分を必要としてくれるのであれば、どこに行ってもプレーするのもひとつの道だと思っている。

ケガから学んだこと

サッカー選手だけではなく、プロのスポーツ選手にはケガがつきものだ。

バンクーバー五輪で銅メダルを獲得したフィギュアスケートの高橋大輔選手は、右膝のケガから復活しての快挙だった。巨人の高橋由伸選手は、ここ数年腰痛で満足にプレーできず、腰の手術をしたが、今シーズン復活を果たした。

ケガをして長いリハビリを経て復活し、活躍する。それは、決して簡単なことではなく、むしろ非常に厳しく、難しい。

そのせいで競技を辞めてしまう選手もいれば、以前のようなプレーができなくなってしまう選手もいる。それほどプロスポーツ選手にとって、ケガはやっかいだ。

僕も鼠径ヘルニアの手術、虫垂炎などを始め、様々なケガや病気を経験してきた。

その時、最初に感じたのは、健康のありがたみだ。

ケガの時に松葉杖や車イスで移動する機会があったのだが、その時、道路に段差があるというのは、こういうことで困るのかという感覚を初めて理解できた。

もう起こってしまったことは仕方がない。大切なのは、治癒《ちゆ》させる間の過ごし方と「なぜ、起こってしまったのか」という原因を考えることだ。

ザルツブルクで腿裏の腱を切ってしまい、全治4ヵ月の重傷を負ってしまった時、第三者から見ると、たかがスプリントテストで「なぜ、100パーセントを出そうとしたのか。そんなに無理しないでもいいはずじゃないか」と、思われがちだ。

しかし、振り返って考えてみると、今までの自分はどんな練習でも100パーセントの力を出してやってきた。それをなくしてしまったら自分らしくない。ケガをして、残り半年のシーズンを棒に振ってしまったことはかなり悔しかったが、そう思うことで自分自身に折り合いをつけた。

しかし、復帰するまでの道程は、簡単ではない。

回復が足踏みしてしまう時は「うまくいかないなぁ」とストレスが溜まる。チームメイトが楽しそうにボールを蹴っているのを見ると、苛立ってしまう。そんな気持ちになったところでどうしようもないのだが、人間だから感情は出てしまうのだ。そのような時は、子供と遊んだりと、なんとか気を紛らわせて「また日は昇る」と思うしかない。完全復帰するまでは、その繰り返しだった。

大事な試合の前にケガをしてしまい、なんとか試合に出ようと無理したこともあった。

２００５年、11月５日はナビスコカップ決勝戦だった。

ところが、10月22日のＪリーグ大分戦で内側側副靭帯《ないそくそくふくじんたい》を損傷し、全治１ヵ月のケガを負ってしまった。約２週間後には、ガンバ大阪として初めてのタイトルがかかったナビスコ杯の決勝がある。僕は、どうしても出場したかったし、監督からも可能ならそこを目指すように言われていたので、かなり無理を承知で調整した。試合が近づくにつれ、良くなる感じはしたが、万全の状態には程遠い。それでも、膝をテーピングでガチガチに固めれば、なんとか試合に出られるようになった。

後半途中からピッチに立ったが、最初にキックした瞬間、「これは、やばい」と思った。「チームに迷惑がかかるかもしれない」と、思うほどの痛みだった。

やはり、試合中に痛みを感じてしまうと、100パーセントでプレーすることは難しくなってしまう。それを僕は、決勝という大きな舞台の中で感じてしまったのだ。試合終了まで何とか乗り切ることはできたが、みんなの足を引っ張る場面もあったのではないかと記憶している。

結局試合をPK戦で失い、無理して出てしまったせいでこのシーズンだけでなく次のシーズンにもまだ痛みが残るという、心身ともに痛いケガだった。

ケガした時、無理しないという判断を自分でできればいいが、現役でいる以上はなかなか難しい。神戸でも2010年シーズン、嘉人（大久保）が左膝をケガしたまま試合に出ていた。南アフリカワールドカップのメンバー入りがかかっているタイミングであり、余計に休む判断が難しくなる。

しかし、後々のことを考えると、無理は禁物だ。

無理しても身体にいいことはなにもない。無理して出たとしても、自分のパフォーマンスが悪ければ、ケガを悪化させるだけでなく、他のチームメイトに迷惑をかけることにもなる。ドクターやトレーナーの話を聞きながら慎重に判断を下す勇気が必要だ。

また、ケガをする時は、必ず身体は危険信号を出している。

不意のアクシデントによるものではない限り、患部付近がすでに痛かったり、その近くで微妙な違和感があったりするものだから、自分の身体の声に耳を傾けておくことが必要だ。何かを見つけられれば、ケガを予防できる。

これまでの経験から、どういう動作が危ないのかは、だいぶ理解できるようになった。プレー中に危険性を感じたら、うまく逃げるようにしている。もちろん、すべてを回避できるわけではないが。スプリントテストには参加しない。こういうリスクがあるので「やらない」と、コーチに伝える。

それは、ケガから学んだことのひとつだ。

現役を辞めたら、どうするか

現役を辞めた後、何をするか、具体的にはまだ決めていない。

監督として、指導者として生きていきたいと思う日もあれば、別のことを考える日もある。ただ、これまでサッカーと付き合ってきたわけであり、サッカーに対して何かを還元したいという気持ちはある。

指導者という職業が「面白いかもしれない」と思ったのは、2009年に指導者B級ライセンス取得講習に参加してからだ。そこで視野が広がり、指導者の面白さというものを実感することができた。

元々、教えることは好きだった。

東京には、僕のフットサルコートがあるのだが、そこで子供や女性を対象としたサッカークリニックを開催している。シーズン中は、なかなかできないが、オフであったり長い休みの時には、できるだけ参加して、みんなと一緒にボールを蹴るようにしている。自分も子供がいるし、子供と一緒にサッカーをするのは楽しい。しかし、本当に指導者として子供たちを教えたいかというと、それは違う。もう少し上のレベルでプレッシャーのかかるところでやりたいという気持ちが強い。

神戸のサッカースクールコーチに、栗原（圭介）さんが就任した。元神戸の選手で、B級ライセンス講習の時に一緒だったのだが、これから子供たちを教えるという。

その時、栗原さんは「自分としてはもう少し上のレベルを教えたいけど、例えばサテライトのコーチになったとしても今は自分のやりたい練習はできないだろうし、サポート役しかできない。だったら子供たちを教えていく中で、こういう練習をしたらこういう現象がピッチの中で出てくるというのを把握しつつ、自分が何か変化をつけていけば指導者としてのスキルアップに繋がるかもしれない。そう思って、子供たちに教えることを決心した」と、コーチ就任の理由を話してくれた。

トップの監督になるには、そういうのもひとつの道であり、「よく考えているなぁ」と思ったけれど、自分が栗原さんと同じようにやれるかと問われれば、まだなんとも言えないというのが正直な気持ちだ。

まだ現役であり、辞めるというところまで考えていないので、監督までの具体的なアプローチの仕方を始め、シリアスに指導者という職業を捉えることができていないのかもしれない。

ただ、監督になるためのライセンスだけは、取得していくつもりだ。

必要なライセンスがないと「いざ」という時、大きなチャンスを逃してしまう。それだけは絶対にイヤなので、いつかやってくる魅力的なオファーのために、しっかりと準備だけはしておかなければならない。

キャプテンをやってきて、良かった

今までのサッカー人生を振り返って、悔いはない。

しかし、すべてを納得しているわけでもない。

正直なところ、まぁまぁかなという感じだ。

こんなことを言うと、「2回もワールドカップに出ているのに、何を言っているんだ」と思われるかもしれないが、それが素直な気持ちだ。

確かに2度ワールドカップを経験させてもらったが、ドイツ大会では1試合も勝てず、日韓大会では不完全燃焼な終わり方をした。シドニー五輪でもブラジル戦の1試合のみの出場、レッドブル・ザルツブルクではチャンピオンズリーグの本大会には到達できなかった。

日本代表やクラブチームを通して、様々な大会や試合に出場させてもらい、幸せなキャリアを積ませてもらっているのかもしれないが、決して満足しているわけではない。

今はまだ、選手としてのキャリアを積み重ねている途中だ。

神戸でプレーしている間に、チームメイトたちが勝つことで自信をつけ、変わっていく姿を見ることができればと思っている。

早く「負けるのがイヤだ」「負けるのは普通じゃない」とみんなが言えるようなチームとなってほしいし、その感覚が生まれて、初めて神戸はタイトルを争えるチームになると思う。そのために自分なりに尽力していく覚悟だ。もちろん、ファンのみなさんの後押しもお願いしたいと思う。

金剛中学2年の時、新チームのキャプテンに選ばれて以来、今日までユースから代表、クラブと、多くの場でキャプテンとして仕事をさせてもらってきた。

責任のある仕事を任せてもらったことで、自分が成長できた部分はたくさんある。

責任を与えられた人間は、それに応えようと必死に頑張る。その頑張りが人間的な成長を促してくれる。僕としても、僕をキャプテンに選んでくれた監督、チームのためにやろうと自分なりに頑張ってきた。

ただ、キャプテンになっても良いことばかりではない。

チームの成績が悪くなれば、責任感がプレッシャーとなり精神的に追い詰められてしまう。また、チームの流れが悪く厳しい状況になれば、自分が先頭に立って何らかの手を打たなくてはならなくなる。

色々考えて、どうしたら良いのか悩んだところで、心の内面を誰かに話すということはあまりない。

問題の矢面に立ち、みんなと厳しい話をしないといけない時もある。ドイツワールドカップは、まさにそんな感じで「キャプテンとは孤独だなぁ」と感じることもあった。

一方で、自分が危機感を抱いてミーティングを開き、その結果選手が勝つために一致団結した時は、震えるような気持ちの高まりを感じることができた。

苦しみながら勝利を得たバーレーン戦の後は本当にうれしくて、キャプテンをやっていて良かったと心から思うことができた。

また、2004年に中国で開催されたアジアカップでは、日本代表は散々ブーイングされた中、難しい試合を勝ち抜き、最後に中国を破って優勝した。優勝という大きな結果をみんなで成し遂げられたことで、キャプテンとして少しは力になれたかなという達成感がわき上がり、キャプテン冥利《みょうり》に尽きる喜びがあった。喜びがすごく大きいが故に、多少辛いことがあったとしても「また、キャプテンやりたい」と思い、ここまでやってこられたのかもしれない。

みなさんの中には、もしかしたらキャプテンという役柄は、面倒臭いだけだろうと思ったり、責任を負わされる立場が嫌いあるいは苦手だという人もいるかもしれない。

しかし、一度キャプテンとなり、行動してみると、自分が一段違うところに成長できるような感覚を得ることができ、そのことは絶対に自分にとってプラスとなる。

結果を出すだけではなく、苦しみながらもチームメイトとの信頼関係を築いて、チームをひとつの方向に導くことができれば、それは自分にとって大きな自信となる。この作業を幾度となく積み重ねていけば、人間としての幅を広げ、成長することができる。

キャプテンという仕事が、今の僕を形成してくれたと言っても過言ではない。

だから、僕は、キャプテンやってきて良かったなとつくづく思っている。

そして、引退するまで、その仕事を望み、全《まっと》うしていきたいと思う。

キャプテンマークが腕にあろうがなかろうが関係なく、いつもキャプテンたる意識で。

著者略歴

宮本恒靖
みやもとつねやす

1977年、大阪府生まれ。92年、ガンバ大阪ユース入団。
95年、ガンバ大阪のトップチームに昇格、Jリーグ初出場。
同志社大学経済学部に進学し、プロと学業を両立させる。
97年、マレーシアで開催されたワールドユースに出場し、ベスト8。
2000年、6月のボリビア戦でフル代表デビューを果たす。
9月には、五輪代表としてシドニー五輪に出場し、ベスト16。
02年、日韓ワールドカップに主将として4試合に出場し、ベスト16。
フェイスガードをつけ、海外メディアから「バットマン」と呼ばれる。
04年、中国で開催されたアジアカップで優勝。
05年、ガンバ大阪で、Jリーグ年間初優勝。
06年、ドイツワールドカップで主将として2試合に出場。グループリーグ敗退。
07年、オーストリアのレッドブル・ザルツブルクへ移籍。
オーストリアリーグで06／07シーズン優勝。
09年 ヴィッセル神戸へ移籍。

幻冬舎新書 171

主将論

二〇一〇年六月五日　第一刷発行

著者　宮本恒靖

発行人　見城　徹

編集人　志儀保博

発行所　株式会社　幻冬舎

〒一五一-〇〇五一　東京都渋谷区千駄ヶ谷四-九-七

電話　〇三-五四一一-六二一一(編集)

〇三-五四一一-六二二二(営業)

振替　〇〇一二〇-八-七六七六四三

ブックデザイン　鈴木成一デザイン室

印刷・製本所　株式会社　光邦

Printed in Japan　ISBN978-4-344-98172-0 C0295

み-4-1

幻冬舎ホームページアドレス http://www.gentosha.co.jp/

*この本に関するご意見・ご感想をメールでお寄せいただく場合は、comment@gentosha.co.jp まで。

幻冬舎新書

楢﨑正剛
失点
取り返せないミスの後で

ミスが勝敗に直結するゴールキーパーは、深い絶望と激しい焦りから逃れられない。760超の失点を乗り超え、完封172という日本記録を作った、日本の〝守り神〟に、メンタルタフネスを学ぶ。

中村俊輔
察知力

自分より身体能力の高い選手と戦うには、相手より先に動き出すこと。それには、瞬時に状況判断をして正解を導く「察知力」が必須。中村俊輔はこの力を磨くために独自のサッカーノートを活用していた。

朝原宣治
肉体マネジメント

36歳の著者が北京五輪で銅メダルを獲得できた秘密は、コーチに頼らない、卓越したセルフマネジメント能力にあった。日本最速の男が、試行錯誤の末に辿り着いた「衰えない」肉体の作り方。

平井伯昌
見抜く力
夢を叶えるコーチング

成功への指導法はひとつではない。北島康介と中村礼子の人間性を見抜き、それぞれ異なるアプローチで五輪メダリストへと導いた著者が、ビジネスにも通じる人の見抜き方、伸ばし方を指南する。

幻冬舎新書

西野仁雄
イチローの脳を科学する
なぜ彼だけがあれほど打てるのか

現在、世界最高のプロ野球選手であるイチローのプレーを制御する脳は、一体どうなっているのか？　彼の少年時代から現在までの活躍を追いながら人間の脳の機能が自然にわかる、もっともやさしい脳科学の本。

山本ケイイチ
仕事ができる人はなぜ筋トレをするのか

筋肉を鍛えることは今や英語やＩＴにも匹敵するビジネススキルだ。本書では「直感力・集中力が高まる」など筋トレがメンタル面にもたらす効用を紹介。続ける工夫など独自のノウハウも満載。

市村操一
なぜナイスショットは練習場でしか出ないのか
本番に強いゴルフの心理学

「池を見ると入ってしまう」「バーディーのあと大叩きする」。一番大切な時に、わかっていてもミスが出るのはなぜなのか？　最新の研究データをもとに、心と体を連動させるポイントを伝授。

斉須政雄
少数精鋭の組織論

組織論の神髄は、レストランの現場にあった！　少人数のスタッフで大勢の客をもてなすためには、チームの団結が不可欠。一流店のオーナーシェフが、最少人数で最大の結果を出す秘訣を明かす！

幻冬舎新書

金森秀晃
脳がめざめる呼吸術

人は障壁を感じると、呼吸が浅くなり、普段の10%程度の力しか発揮できなくなる。だがたった3分間の訓練で逆腹式呼吸ができるようになれば、脳は限界を超えて潜在能力をフルに発揮する！

林成之
脳に悪い7つの習慣

脳は気持ちや生活習慣でその働きがよくも悪くもなる。この事実を知らないばかりに脳力を後退させるのはもったいない。悪い習慣をやめ、頭の働きをよくする方法を、脳のしくみからわかりやすく解説。

小山薫堂
考えないヒント
アイデアはこうして生まれる

「考えている」かぎり、何も、ひらめかない——スランプ知らず、ストレス知らずで「アイデア」を仕事にしてきたクリエイターが、20年のキャリアをとおして確信した逆転の発想法を大公開。

島田紳助
ご飯を大盛りにするオバチャンの店は必ず繁盛する
絶対に失敗しないビジネス経営哲学

既存のビジネスモデルはすべて失敗例である——。素人だからこその非常識を実現化する魔法のアイデア構築法、客との心理戦に負けない必勝戦略など、著者が初めて記す不世出の経営哲学書！